AF451287

HISTORIA DE CHILE

DESDE LA INDEPENDENCIA DE ESPAÑA HASTA LA REPÚBLICA LIBERAL

MÁXIMO QUITRAL

www.historia-chile.guiaburros.es

Diseño de cubierta: © Marta Villarín (EDITATUM)
Maquetación de interior: © EDITATUM
Imagen de portada: *Proclamación y jura de la independencia de Chile*. Pedro Subercaseaux, 1945.

Primera edición: abril de 2023

ISBN: 978-84-19731-09-8
Depósito Legal: M-8905-2023

IMPRESO EN ESPAÑA/ PRINTED IN SPAIN

Te invitamos a registrar la compra de tu libro o *e-book* dándote de alta en el **Club GuíaBurros,** obtendrás directamente un cupón de **2 € de descuento** para tu próxima compra.

Además, si después de leer este libro lo has considerado útil e interesante, te agradeceríamos que hicieras sobre él una **reseña honesta en cualquier plataforma de opinión** y nos enviaras un *e-mail* a **opiniones@guiaburros.es** para poder, desde la editorial, enviarte **como regalo otro libro de nuestra colección.**

Sobre el autor

 **Máximo Quitral** es historiador y doctor en Ciencia Política. Es Académico de la Universidad Tecnológica Metropolitana, UTEM (Chile) y en 2021 obtuvo la beca postdoctoral de la Fundación Carolina.

Ha publicado una veintena de artículos sobre historia y ciencia política, tanto en Chile como en el extranjero, además de la publicación de cuatro libros de temática similar: *Los desafíos de una agenda bilateral: Chile y Bolivia. Entre las diferencias políticas y los acercamientos económicos, 1970-1990*, RIL editores (2012); *América Latina, nuevas miradas desde el Sur,* editorial mínimo común (2013); *América Latina, nuevas miradas desde el Sur,* segunda edición, ediciones UTEM (2014); *Integración y Democracia en América Latina*, RIL editores (2016) y *El movimiento universitario chileno, origen y desarrollo: 2011-2018,* ediciones UTEM (2022).

Agradecimientos

En primer lugar, quisiera agradecer a la editorial por brindarme la posibilidad de publicar en este bello país, el que he aprendido a conocer y del cual estoy completamente agradecido. A mi familia, que siempre acompaña en todos los procesos de escritura política e histórica y a la Fundación Carolina, que gracias a su beca me acercó a estos confines europeos y me permitió conocer maravillosas personas.

Índice

Introducción

El proceso de independencia que se vivió en Chile respondió a un agotamiento de las formas de representación política presentes en el país más la rivalidad entre criollos y peninsulares por el control de las instituciones representantes del poder real en el territorio chileno. Estas tensiones se agudizaron luego del encierro de Fernando VII a manos de los franceses, momento que fue aprovechado por algunos criollos para presionar por la desafección de Chile del yugo español. Tales aspiraciones se fueron reafirmando, sobre todo por la inclusión de ideas de tipo liberadoras entre los grupos más críticos con el rol de España en Chile, dando forma a una corriente intelectual que ayudó a la separación de Chile de la dominación española. Nos referimos a la Ilustración, una filosofía política que tuvo un alto impacto en los sectores intelectuales del país, que vieron en esta corriente de pensamiento la base argumentativa para luchar por la independencia de la colonia.

Los sucesos de aprehensión del Rey de España fueron una excusa perfecta para que un grupo no menor de intelectuales desarrollaran un proceso de articulación interna con el afán de conseguir respaldo social en su aventura independentista, acceder a los espacios de poder y proponer nuevas formas de organización política bastante cercanas a la realidad cultural del país. Es decir, las noticias provenientes de España sobre el encierro de Fernando VII ayudaron a que germinase en el país la noción de la liberación, la cual se tuvo que enfrentar a una férrea oposición por parte de los sectores conservadores dispuestos a impedir que estos nuevos grupos políticos accediesen al poder. Además, la Corona Española tampoco estuvo dispuesta a que esta colonia abriera un ciclo político de separación de sus intereses económicos y políticos, entendiendo que eso podía estimular que otras zonas de la región pensaran seriamente en separarse de España. Es decir, las consecuencias de una liberación de los territorios conquistados por la Monarquía Española eran negativas para el Rey, por lo que algunas expediciones y presiones políticas para mantener a las colonias no se dejaron esperar.

Comprendiendo el dilema político que tuvo Chile en su momento con la Corona es que se ha procedido a escribir esta obra para acercar una parte de la historia de América Latina hacia un lector y lectora interesado/a en estos temas. Deseo aportar a la discusión y el debate sobre los sucesos independentistas en Chile. Este es un libro que se hace cargo de las corrientes intelectuales que aportaron a la liberación de Chile y de las causas externas que influyeron en que el país optara por el camino propio. También se explicarán ciertas coyunturas económicas que definieron el rumbo de los acontecimientos y las diferencias sociales que se expresaron en esos años. No es solo un libro sobre Chile, sino que es una obra que conecta con una región que tiene una historia directa con España, la cual es necesario conocer.

Capítulo 1

Las disputas políticas por el poder institucional 1808-1810

Grupos intelectuales e independencia de Chile

A fines del siglo XVII América Latina y Chile en específico comenzaron a experimentar una serie de cambios políticos y sociales que les empujaron a desvincularse de la influencia política ejercida por la Corona Española en el territorio indoamericano. La Ilustración, una nueva corriente de pensamiento moderno que había crecido significativamente en Europa, consiguió una significativa adhesión social en su crítica a las monarquías europeas, al punto de transformarse en el faro del devenir histórico de las colonias americanas y en una importante razón de justificación filosófica para la emancipación de los pueblos americanos. Esta nueva corriente de pensamiento promovió ideas que apuntaron al predominio de la razón por sobre la religión y los gobiernos tiránicos.

Chile fue uno de los espacios geográficos donde sus postulados encontraron cabida, cautivando a un importante grupo de intelectuales comprometidos con su filosofía política, destacando a personajes como Manuel de Salas, José Miguel Infante, José Antonio de Rojas, Francisco Bilbao o José Victorino Lastarria entre otros. Dichos intelectuales cuestionaron la política económica y la arquitectura administrativa desarrollada por el despotismo ilustrado, pues la consideraron tardía, impositiva, dañina y, sobre todo, insuficiente para las pretensiones locales.

Este grupo de intelectuales estableció estrechos vínculos con Francia e Inglaterra, viajando periódicamente a sus capitales con el fin de profundizar en las ideas de la Ilustración con el fin de aplicarlas en el territorio colonial. Este ir y venir a Europa fue la demostración de una generación de intelectuales inquietos por el futuro de Chile y disconformes con el ejercicio del poder aplicado por el Imperio Español. Este malestar dio paso a la coordinación de los intelectuales, no solo para proponer cambios políticos y sociales en Chile, sino también para estimular el debate sobre un nuevo marco jurídico que dejara de lado el poder de los reyes españoles. La invasión napoleónica a España reforzó la postura de los ilustrados, quienes estaban cansados de la exclusión de los criollos de la administración política y del mundo social. Además, también estaban molestos por la asfixiante política económica impuesta por los Borbones.

Los partidarios de las ideas de la Ilustración comenzaron a diseñar un nuevo marco administrativo que respondiera a sus intereses y que incluyera en la toma de decisiones a los criollos, pues la nueva institucionalidad pensada requería de la total presencia de los criollos desplazados por los representantes de la Monarquía Española. Esa exclusión y marginación de los principales puestos de poder se convirtió en un basamento clave para presionar por cambios políticos al interior de Chile, relevar de los principales cargos administrativos a los peninsulares y permitir la instalación de los criollos en espacios de poder. Es decir, la nueva propuesta institucional fue totalmente contraria a las formas de establecimiento del poder.

Este conflicto entre criollos y peninsulares no es un antecedente irrelevante como factor político para presionar por el proceso de independencia americano. Como la mayoría de los puestos públicos definidos en la nomenclatura institucional borbónica estaban en manos de los peninsulares, este grupo de personas logró la absoluta confianza de la monarquía española para su gestión interna. Dicha confianza generó resquemores y desavenencias político-sociales entre criollos y peninsulares, diferencias que se fueron acentuando con el paso del tiempo.

Como el diseño institucional borbónico se sustentó en los lazos familiares construidos por los peninsulares, esta relación ayudó a que los intereses económicos impulsados estos se vieran estimulados, teniendo como efecto inmediato el que se estrecharan los vínculos sociales entre este grupo, además de que se promoviese la afinidad católica entre sus integrantes. Esta vinculación posibilitó que los privilegios conseguidos bajo el amparo de la Monarquía se robustecieran y que los peninsulares impusieran su visión de cómo conducir la colonia, cuestión que erosionó el afecto político hacia el Imperio Español. O sea, este nuevo grupo de intelectuales, más que cuestionar el orden imperial, criticó una administración que era ajena a sus intereses particulares.

Al evidenciarse esta diferencia de beneficios políticos entre uno y otro grupo, es decir, entre el dominante (los peninsulares) y el dominado (los criollos), en la práctica política esto supuso una fragmentación de la sociedad colonial en el territorio americano. Alexandre Coello y Paulina Numhauser (2011) confirman esta separación entre un grupo y otro, sosteniendo que los criollos tuvieron serias dificultades para conseguir los principales cargos políticos y administrativos, usando como una barrera de entrada "una limpieza de sangre", condición que ahondó las diferencias y propició la distinción genealógica entre criollos y peninsulares. "Esto significó una estratificación de la sociedad colonial que tenía que ver con la sangre, como vector de pertenencia endogámica, delimitando los márgenes sociales"[1].

Si bien estas diferencias políticas agudizaron las tensiones entre peninsulares y criollos, este grupo no buscaba romper inmediatamente con la monarquía, sino más bien cambiar las reglas del juego político y posicionarse de mejor forma en el aparato administrativo. En el fondo, este grupo encarnó un proyecto reformista al modelo político de los borbones, pero no se buscó modificar la lealtad a los reyes de España, transformar la legislación

---

1. Alexandre Coello y Paulina Numhauser: "Criollismo y mestizaje en el mundo andino (siglo XVI-XIX)", Revista *Illes Imperis,* p.20, 2011.

española ni menos dejar de ser súbditos de la Corona. Se propuso continuar ligados a las directrices de los reyes, aunque dicha idea abrió el camino para que otros sectores fuertemente politizados plantearan la opción de terminar con la supeditación a la Corona Española.

Influencias externas en el proceso independentista de Chile

A los problemas políticos y sociales experimentados por los criollos y los peninsulares en territorio chileno, se sumaron problemas de índole externo que contribuyeron a aumentar la efervescencia por desligarse del yugo español. Tales acontecimientos propiciaron una postura bastante crítica por parte de las colonias sobre el papel jugado por la Corona. Entre los hitos más importantes debemos destacar a la Revolución Francesa (1789), la Independencia de los Estados Unidos (1776) y el cautiverio del Rey Felipe VII de España (1808). Estos sucesos internacionales provocaron que las colonias americanas, y la chilena en particular, comenzaran a mirar con bastante simpatía lo sucedido en Francia, sobre todo por los planteamientos políticos propuestos por la Revolución. Posiblemente se piense que los sucesos en Francia cumplieron un rol trascendental en los acontecimientos de Chile, pero en estricto rigor los sucesos la Revolución Francesa no fueron cruciales, pese a que no carecieron de importancia. Sin embargo, lo que sí fue importante y despertó simpatía en las fuerzas políticas chilenas, tiene relación con la visión crítica sobre el actuar de la monarquía, cuestión que fue un punto llamativo para los criollos y la aristocracia local, que luego comulgó con algunas ideas que plasmaron los gestores del levantamiento francés. En esos elementos es posible determinar la directa influencia de la Revolución al otro lado del mundo que alertó a la Monarquía Española sobre los efectos que esto podría tener en el futuro. Un elemento que se puede destacar de los sucesos acontecidos en Francia tuvo que ver con una crisis de la dominación, la cual atentó directamente con los privilegios de los reyes franceses. Tal como se explicó, una de las ideas que provocó mayor interés entre los criollos fue la descalificación de la monarquía como forma de gobierno y la exaltación de la republicana como forma de representación política. Además, el autogobierno, la independencia de las autoridades lejanas no elegidas por los ciudadanos, fueron puntos fundamentales para los impulsores de la separación de la Corona Española.

Los postulados orientadores de la Revolución como igualdad, libertad y fraternidad, se convirtieron en valores centrales para los defensores de la independencia chilena. Parte de estos postulados fueron sancionados en la Constitución de Francia de 1791, junto con la Declaración de los Derechos del Hombre y del Ciudadano. Pero lo más importante para los criollos fue la posibilidad de pensar en la conformación de un autogobierno, no solo para ocupar espacios de poder, sino también para poder lograr mayores derechos. El acceso a nuevos derechos políticos y también sociales construidos desde un autogobierno, fueron un aliciente significativo para que este sector de ilustrados instalara la idea de la separación de los reyes de España.

Pero no solo eso, la Revolución expresó un desgaste de la monarquía y un debilitamiento del tejido social, realidad que más temprano que tarde afectaría a la Corona Española. Por eso no se puede desconocer el rol que tuvo la Revolución en el despertar de la consciencia de la colonia, el cual posibilitó la puesta en duda del mantenimiento de los nexos con la Monarquía, los cuales eran más una carga política y tributaria que un motivo de orgullo regional. La experiencia en Francia significó que los sectores preocupados por finiquitar los vínculos con España notaran que su idea era total y absolutamente posible de ejecutar.

Otro antecedente externo que influyó directamente en la Independencia de Chile fue el proceso independentista de los Estados Unidos. Esta experiencia fue importante para los grupos ilustrados y liberales de Chile, pues les motivó a reforzar la idea de liberarse del dominio español. La nueva propuesta institucional que emergió en aquellos años, propuso la noción de la figura del presidente, además de proponer la creación de un estado con tres poderes bien identificados: ejecutivo, legislativo y judicial. Pero la propuesta de división de poderes también sumó elementos federalistas que impactaron en los grupos comprometidos políticamente con la separación de España. Tanto el presidencialismo como el federalismo surgido durante la independencia de los Estados Unidos se constituyeron en nuevos modelos de organización política que alentaron los ideales independentistas criollos y reforzaron el camino propuesto por los críticos al régimen español. Fue tan importante la postural liberal del proceso de independencia de los Estados Unidos, que parte de sus propuestas fueron incorporadas en la nueva constitución chilena. La epopeya ocurrida en Estados Unidos marcó profundamente a quienes ansiaban desprenderse totalmente del dominio de España, no solo por las ideas que ahí aparecieron, sino por lo relativamente pacífico del proceso y por la viabilidad de los esfuerzos reformadores que se evidenciaron allí. Todos estos elementos transformadores de la sociedad llamaron la atención de los chilenos, que confirmaron que la opción de separarse de la Corona de España era una idea viable. Fue tal el nivel de importancia lograda por la independencia de los Estados Unidos, que la ruptura con la Corona Británica se consideró como un triunfo de aquellas fuerzas sociales y políticas que anhelaban acabar con la sumisión y conducir su propio destino. Lo paradójico de todo es que España alentó a estos grupos a escindirse de los ingleses sin considerar que ese apoyo terminaría por entregar argumentos a la resistencia en Chile. La Independencia de Estados Unidos se convertiría en una especie de modelo a imitar en Chile y en el resto de las colonias latinoamericanas, instalándose como un modelo de resistencia frente a la opresión y un símbolo de lucha por la libertad de los pueblos.

A lo acontecido en Francia y en Estados Unidos, debemos sumar el cautiverio de Fernando VII a manos de Napoleón Bonaparte en Bayona (1808), situación que ayudó a que los grupos ilustrados evaluaran positivamente la idea de cambiar las formas políticas, pero sin modificar del todo el fundamento absolutista presente en el territorio. Al producirse la ausencia del Rey, los súbditos propiciaron una serie de juntas de gobierno, muchas de ellas impulsadas por vecinos pudientes. Las juntas de gobierno tuvieron su justificación teórica en la doctrina de los Habsburgo, que sostenía que desaparecido el rey legítimo, el poder pasaba a la comunidad, quedando esta facultada para autodesignar un nuevo gobierno. Pero en el fondo estas juntas fueron una manifestación de lealtad al rey preso.

El poder soberano quedó en una élite, que formó un gobierno de emergencia direccionado por la Monarquía Española, surgiendo en ese momento una serie de disputas internas por quién tomaría el control de las juntas y cómo se expresarían políticamente dentro del Reino de Chile. En ese instante apareció un grupo de personas que desde un comienzo estuvo a favor de continuar apoyando al Rey y otro que lo único que esperó era la muerte del Rey. Sin duda alguna, esta disputa por posiciones y expectativas políticas fue determinante para los destinos del país y la agudización de las enemistades internas provocadas por la detención de Fernando VII. Esta fricción política tuvo como consecuencia la aparición de un grupo de tipo conservador partidario de la monarquía y reacio al cambio y a la transformación administrativa, y otro grupo de tipo rupturista, liberal y reformista, que vio en esta detención del Rey la oportunidad de abogar por separarse de España y conducir su propio proceso político. El primer grupo notó que con la aprehensión al Rey sus privilegios y condiciones sociales podrían verse disminuidas o directamente eliminadas, optando por el camino de defender la postura de "esperar al Rey" y extender su posición social. Una decisión de supervivencia para un grupo que fue beneficiado de la relación de dependencia con España y que buscó blindarse frente a grupos más críticos sobre su rol en la colonia. Nos referimos a un grupo más rupturista y apático con la división administrativa y la nomenclatura social existente en Chile. Dicho grupo aprovechó la coyuntura vivida en la colonia chilena para empujar porque los sectores conservadores del territorio perdieran espacio e influencia social, y de esta forma ser ellos los nuevos dominadores de los espacios de poder. Las disputas por ser los nuevos conductores del territorio marcaron un punto de inflexión sobre la realidad local y definieron los posteriores sucesos que desencadenaron la Independencia de Chile. Al provocarse esta división entre quienes buscaron seguir apegados al Rey y quienes optaron por terminar cualquier vínculo con la Corona de España, los ánimos se crisparon rápidamente y cada grupo consideró que sus argumentos eran superiores a los de sus adversarios políticos, teniendo como consecuencia final que las juntas aparecidas en Chile y en territorio americano delegaran sus atribuciones a una única junta central que se instaló en Sevilla. Estos cambios dieron a los americanos una mayor confianza por emprender nuevas acciones independentistas.

La ausencia del Rey y la primera Junta de Gobierno en Chile

La invasión francesa al territorio español provocó que en mayo de 1808 Napoleón Bonaparte reemplazara al rey español Fernando VII, instalando en su lugar su hermano José Bonaparte. Esta intervención francesa en tierras españolas motivó que se planteara un cuestionamiento a la soberanía del nuevo monarca sobre sus territorios y súbditos, entre los que se incluyó a los territorios americanos. Ante la ausencia del Rey, el pueblo español asumió la noción de que la soberanía volvía al pueblo, por lo que el poder sería depositado en juntas locales y regionales, organizadas en la Junta Suprema Central (Sevilla) y en el Consejo de Regencia (Cádiz). En las colonias americanas y, por cierto, en Chile esto originó un profundo debate político e ideológico acerca de si se debían formar corporaciones legislativas autónomas a causa de la detención del Rey. Las noticias que llegaron al Reino de Chile no fueron alentadoras, por lo que la ausencia del Rey provocó bastante incomodidad en los peninsulares, hasta el punto de que se generó un quiebre en el fundamento del poder y de la subordinación de las colonias. Tal quiebre impactó en los grupos dominantes en Chile, advirtiéndose una pugna entre los monarquistas, partidarios de mantener al Rey, y los patriotas, que se negaban a reconocerlo. El argumento político de los monarquistas era que había que esperar la liberación del Rey y que el aparato administrativo debía mantenerse prácticamente intacto. Por el lado de los patriotas, el argumento político fue que todo el aparato administrativo debía modificarse y que los gobernadores o virreyes salieran del aparato público, pues al no estar el Rey, ya no eran sus representantes directos y debían salir de los cargos de confianza. Dicha coyuntura fue amplificada por los opositores al Rey, quienes insistieron en que su ausencia era motivo de distanciamiento político con la Corona Española.

Tal como se explicó en líneas anteriores, los criollos aprovecharon esta situación para insistir en cambios en la estructura administrativa, amparándose en la doctrina del Antiguo Régimen, donde la representación del estado está en manos del monarca. El territorio y las personas se transformarían en propiedad de los soberanos, lo que se conoce como concepción patrimonial del estado, cuestión que explicaría los vocablos como "mis dominios" y "mis súbditos". La justificación jurídica se estableció cuando Cristóbal Colón descubrió América, momento tras el cual los Reyes Católicos se entrevistaron con el Papa Alejandro VI, quien por vía de las *Bulas Intercaeteras* (1493) donó estas tierras a la Corona de Castilla y no al pueblo español. De estos sucesos se deducía la no obligatoriedad de obedecer al Consejo de Regencia de Sevilla. Al estar detenido el Rey, el poder debía volver al pueblo, quien tenía la facultad jurídica de autodeterminarse en una nueva forma de gobierno. Este fundamento jurídico y también político fue el mecanismo utilizado por los súbditos para volver a darle salida política al cautiverio del Rey y dar los fundamentos jurídicos a quienes luchaban por separarse de España. Las normas consagradas por Alfonso X el Sabio, en la Partida II, título 15, ley 3º, indicaban la forma de crear organismos de gobierno en ausencia del Rey (Código de las VII Partidas[2]). Esta visión política fue la que logró mayor aceptación entre los críticos a la Monarquía Española de toda América, dando inicio a una ola de desafección de España que caló hondo en aquellos sectores político-sociales cansados de rendir cuentas al gobierno español. Al tener en conocimiento sobre estas VII Partidas, el efecto político que se produjo fue que las colonias comenzaron a promover la separación de España y a levantar juntas de gobierno auto determinadas, pero fueron desarticuladas rápidamente por la Monarquía. Las primeras juntas datan de 1809 en La Paz (Bolivia) y en Quito (Ecuador), para luego continuar en otras zonas del continente, como Caracas (Venezuela), Buenos Aires (Argentina), Bogotá (Colombia), Santiago (Chile), entre otras zonas. Los sucesos ocurridos en Quito fueron un hito político en la región, pues desde un inicio desconocieron a las autoridades americanas nombradas por España. El Virrey de Santa Fe, Antonio Amar y Borbón, consideró los hechos suscitados en Quito un acto de rebeldía contra la Corona, y ante el temor por que este ejemplo contaminara de aires de liberación a todo el Virreinato, ordenó sofocar la rebelión de Quito, lo cual consiguió junto con las tropas enviadas por el Virrey del Perú. Este hecho se conoce como el primer grito de independencia de las colonias españolas en América.

Otra junta que también sufrió la persecución de los virreyes fue la de Caracas de 1810. Los mantuanos, como les llamaban las élites criollas en Venezuela, se aliaron a

---

2. Las VII Partidas fue un cuerpo normativo redactado en Castilla, durante el reinado de Alfonso X (1252-1284), que tuvo por objetivo primordial el dotar de uniformidad jurídica al Reino.

importantes sectores de la sociedad, incluyendo el clero y las milicias, para declarar un nuevo gobierno. Estas élites desconocieron a las autoridades locales nombradas por España, pero igualmente manifestaron lealtad al Rey Fernando VII, siguiendo con la lógica de subordinación hacia la Monarquía. La Junta de Gobierno de Cádiz (que había reemplazado a la de Sevilla) no veía con buenos ojos los acontecimientos de Quito y de Caracas y habían ordenado el retiro de Amar y Borbón por su débil manejo del levantamiento. El 22 de mayo de 1810, un movimiento revolucionario creó una nueva Junta de Gobierno en Cartagena de Indias, la cual declaró fidelidad a Fernando VII y al Consejo de Regencia. Luego de lo ocurrido en mayo, el 3 de julio de 1810, Santiago de Cali también formó sus juntas, emulando esta acción Socorro y Pamplona, pero luego estos sucesos se volvieron a repetir en la misma sede del virreinato de Santa Fe un 20 de julio de 1810. Si bien la Junta de Gobierno de Santa Fe nombró a Amar y Borbón como su presidente, este hecho contó con poco apoyo entre el pueblo y la aristocracia dirigentes. El 25 de julio el depuesto Virrey fue arrestado.

El Reino de Chile no estuvo ajeno a todo este movimiento juntista americano, pues en 1808 murió Luis Muñoz, quien iba a ser el nuevo gobernador designado por el Rey. Tal decisión real provocó molestia entre las autoridades locales, puesto que, con el cautiverio del Rey, este grupo político sintió que tenían todas las atribuciones para nombrar nuevos representantes en el territorio, más si el futuro gobernador había fallecido. Si bien la Real Cédula vigente de 1806 sostenía que la figura de reemplazo para el gobernador le correspondía al oficial de ejército de mayor rango y que no bajase del cargo de coronel, los distintos actores políticos advirtieron que no había ninguna figura militar que cumpliera con ese requisito, por lo que propusieron que se reconociera como nuevo gobernador a Juan Rodríguez Ballesteros. Sin embargo, desde la ciudad de Concepción apareció una figura política que reclamó ese puesto, el brigadier Francisco Antonio García Carrasco, quien finalmente consiguió ser nombrado Gobernador del Reino.

El nuevo gobernador debió enfrentar un escándalo de corrupción (la cuestión del escorpión[3]), que no solo lo debilitó políticamente frente a la opinión pública, sino que también mermó su confianza hacia el Rey y a sus partidarios políticos. A este hecho se le sumó que tres figuras políticas de la época como José Antonio de Rojas, Juan Antonio Ovalle y Bernardo de Vera y Pintado fueron acusados de conspiración, se les tomó presos un 25 de mayo y fueron enviados al Perú para cumplir su arresto. Tal decisión del gobernador provocó el enojo de los criollos, quienes decidieron reclamar su destitución del cargo, idea que fue acogida por la Real Audiencia, instancia superior que procedió a pedirle la renuncia el 16 de julio de 1810. El cargo de gobernador lo asumió Mateo de Toro y Zambrano, conocido como el Conde de la Conquista. Con este hecho en particular se inició el camino a la Independencia de Chile. Antes que llegara el nuevo gobernador

---

3. La cuestión del escorpión (1808) fue un caso de contrabando británico que terminó con la renuncia del gobernador por su incapacidad política para tratar el tema.

designado por la monarquía española (Francisco Javier Elío) el Cabildo de Santiago consiguió autorización para efectuar una reunión de emergencia para discutir la opción de instalar una Junta Nacional de Gobierno, antes de la llegada de Elío a Santiago. Fue así como un 18 de septiembre de 1810 a eso de las nueve de la mañana y con la presencia de cuatrocientos ciudadanos, se desarrolló en esperado cabildo abierto para decidir por los destinos del país. Cada intervención en ese momento y cada gesto de los participantes estuvo definida por la lealtad hacia la figura de Fernando VII, tal como quedó plasmado en las palabras de José Gregorio Argomedo y José Miguel Infante. Mateo de Toro y Zambrano fue acompañado por José Antonio Martínez de Aldunate, Fernando Márquez de la Plata, Juan Martínez de Rozas, Ignacio de la Carrera, Juan Enrique Rosales y el coronel de ejército, Francisco Javier de Reyna, más los secretarios, José Gregorio Argomedo y Gaspar Marín.

Esta nueva expresión política fue una de las primeras formas de autogobierno, que si bien en un comienzo no tuvo labores legislativas como se conoce, sí se puede definir como la primera acción de autonomía administrativa en un contexto político adverso para la monarquía española. En un comienzo, la Primera Junta juramentó ante Dios usar fielmente el cargo por el cual fueron escogidos, defender y derramar la última gota de sangre por la perdurabilidad del Reino y conservar para su majestad los territorios conquistados y garantizar el derecho a un asilo seguro para los afligidos hermanos europeos. Lo que se desprende de esta situación es que la Junta no quería separarse del Rey y fue más bien un espacio de apoyo irrestricto a la figura del monarca español, desechándose la idea de una independencia total del país respecto de España. Además, permitió el protagonismo de la aristocracia criolla en la vida pública, desplazando a los funcionarios originarios de la metrópoli. Aunque nominalmente la Junta se erigió como un baluarte de la monarquía española, las ideas autonomistas ya habían hecho eco en la aristocracia chilena y la instalación de la Junta fue aprovechada por los detractores del Rey para impulsar reformas que abrieron finalmente el proceso independentista chileno. Una cuestión que se debe considerar en este episodio antes relatado, tiene que ver con que en las acciones de los cabildantes hubo una mezcla de reformismo y tradición monárquica, aún cuando el deseo de los asistentes era el de mantenerse cercanos al Rey.

En estricto rigor el Cabildo de 1810 fue la primera experiencia política en que la aristocracia criolla tomaba el control de los destinos del país, cuestión que daría forma a la construcción de sus propios derechos frente a la figura del Rey. En el acta del Cabildo quedó plasmada la noción que dicha Junta de Gobierno entró en ejercicio hasta que los diputados de todas las provincias de Chile se autoconvocaran para organizar los destinos que debían regir el país. Luego de esto no pasó mucho tiempo hasta que voces patrióticas comenzaran a aparecer, presionando por radicalizar el proceso y terminar de una vez por todas con el yugo español.

Entre las primeras medidas que tomó la Junta de Gobierno estuvieron la creación del periódico nacional *La Aurora de Chile,* el apoyo al movimiento juntista de Buenos Aires, la creación de nuevos cuerpos militares, el establecimiento de la libertad de comercio (1811), la prohibición de sacar la moneda divisionaria y la expedición de libros, mapas, imprentas y elementos de guerra.

Sin embargo, la principal obra impulsada por la primera junta fue la de convocar a elecciones y elegir un nuevo Congreso Nacional. Esta idea fue del agrado de un grupo de seguidores de la monarquía, pues de esta forma podrían bloquear a los patriotas en su idea de terminar de una vez por todas con el vínculo español. En la sesión del 13 de octubre de 1810, la Junta elaboró un cuerpo reglamentario para encauzar la elección de diputados, cuestión que puede considerarse como el primer paso para formar una incipiente corporación legislativa. Dos meses más tarde, el 15 de diciembre de 1810, convocó a los considerados ciudadanos del territorio a elegir a sus respectivos diputados, quienes conformarían el Congreso Nacional. Este reglamento fue muy importante, pues señaló que el Congreso sería un organismo representante de todos los habitantes del Reino de Chile, y para que esta representación fuese lo más perfecta posible, elegirían diputados los veinticinco partidos que componían la asamblea. El número de diputados de cada distrito debía ser proporcional a su población, y siendo próximamente igual a la de todos, elegiría y nombraría cada uno el número de representantes que expresa la razón siguiente: podían ser diputados los integrantes de un partido político o los de fuera de él avecindados en el Reino que, por sus virtudes patrióticas, sus talentos y comprobada prudencia, hayan merecido el aprecio y la confianza de sus conciudadanos, siendo mayores de veinticinco años, de buena opinión y fama, aunque sean eclesiásticos seculares.

Las reformas borbónicas y nuevos rumbos económicos

Las reformas borbónicas trajeron un cambio en la política económica, lo que se tradujo en una apertura hacia nuevos intercambios económicos bajo el Reglamento de Libre Comercio de 1778. La razón de proponer este reglamento se debió a que los reyes borbones notaron que existían zonas bajo su imperio con poca actividad económica, principalmente por el monopolio de Cádiz con los puertos de Veracruz (México), La Habana (Cuba) y Portobelo (Panamá).

Como las costas del Atlántico Sur estaban un tanto abandonadas, España autorizó navíos de registro que podían dirigirse a cualquier lugar de las colonias para comercializar sus productos. La implementación del reglamento provocó que las colonias de América fueran autorizadas a intercambiar productos solo con trece puertos españoles y veinticuatro puertos coloniales. En este plan de puertos se incorporaron el puerto de Valparaíso, ubicado en Chile, y el puerto de Buenos Aires en Argentina.

A pesar del establecimiento del reglamento, Chile no pudo salir de su postración económica, su producción exportable se redujo y se encareció el transporte comercial. Al verse imposibilitado de enviar sus productos a España, debió fortalecer sus vínculos comerciales con el Perú, cuestión que terminó por exacerbar su relación de dependencia con ese país. Las haciendas se convirtieron en un espacio importante de desarrollo económico, concentrándose en la producción de ganados y hortalizas y la minería. Una parte de los productos agrícolas se destinaron a la exportación, tales como el vino, el trigo o el charqui, siendo Perú el destino predilecto de estos insumos. Un producto muy demandado también fueron los cereales, con una media de 200 000 fanegas[4] anuales, como también la vid. El Reino de Chile se redimensionó, y la actividad agrícola —a través de las haciendas— pasó a concentrar la economía dado el crecimiento alimentario.

La producción triguera chilena creció significativamente en estos años, al punto de ser el principal exportador de trigo al Virreinato del Perú. Conviene mencionar que Perú en 1687 sufrió un terrible terremoto[5], movimiento telúrico que afectó las tierras y con ello a la agricultura. Por ende, Chile fue un aliado importante para el Virreinato, pues como la producción de trigo se vio resentida, traerlo de Chile fue la mejor opción de esos años. Como consecuencia de esta relación, la producción de tri-

____

4. La fanega era una media agraria que, según el marco de Castilla, era la forma de pesar los cereales producidos en las colonias americanas.
5. La literatura sobre este terremoto da cuenta que hubo una estrecha relación entre este movimiento sísmico y el debilitamiento de la producción de trigo.

go en Chile creció y los volúmenes de envío aumentaron exponencialmente. Como la demanda por el trigo creció año tras año, Chile tomó los recaudos para asegurar que una parte de la producción trigal se quedara en el territorio. La razón fundamental fue que el rendimiento de la tierra era muy precario, dado lo poco moderno de la forma de trabajarla.

El vino que se producía en Chile se guardaba en grandes tinajas de greda para su conservación, mientras que otros estaban para su comercialización en el extranjero.

Chile también tuvo una preocupación sostenida por fortalecer la ganadería, la cual se desarrolló en los valles y en las laderas de los cerros. La distribución ganadera fue bien marcada, encontrando que en el norte abundaban las cabras, en el centro del territorio nacional el ganado vacuno, desde la zona del Maule hasta el Bío Bío las ovejas y en Valdivia y Chiloé el ganado porcino. De toda la variedad de ganado antes descrito, el que tuvo más relevancia para la economía local fue el vacuno. Durante la época estival se mataban una gran cantidad de reses de las cuales se extraía el sebo, carne, grasa y cuero. El sebo fue un elemento de la ganadería que siempre tuvo como destino el Perú.

Otra de las áreas económicas que más crecimiento tuvo en la colonia chilena fue la minería y la industria. La exploración de yacimientos se desplazó fuera de las zonas de enfrentamiento entre representantes del reino y los mapuche, con quienes estaban en guerra, iniciándose con ello la explotación de las primeras minas en el norte. Don Juan Egaña señaló que Chile no tenía un plan serio sobre explotación minera, presionando porque esta tendencia fuera en retroceso. Uno de los puntos para cambiar esta realidad fue el catastro hecho por la Corona sobre la minería en el reino de Chile. La Corona Española descifró que la producción minera chilena se efectuaba entre el río Copiapó y el cerro Aconcagua, entendiendo que, dada la extensión para explotar minerales, era fundamental apoyar la actividad minera. Por eso en 1787 la administración española dio su aprobación para la creación del Tribunal o Junta de Minería con el objetivo de ampliar los créditos de explotación minera a los productores, además de promover estudios mineros. A fines del siglo XVIII, la producción minera en Chile alcanzó un total de 2 000 000, divididos en un 1 350 000 para la producción de oro, cerca de 400 000 mil para la plata y 250 000 para la producción de cobre.

Pero no solo la minería se destacó en estos años, la industria artesanal también tuvo un crecimiento, siendo los jesuitas actores importantes en el crecimiento de esta actividad en el territorio. La Compañía de Jesús destinó a Chile un número importante de artesanos alemanes que se instalaron en Calera de Tango, una pequeña zona cercana a la ciudad de Santiago. Se crearon talleres de relojería y de platería. Estos también colaboraron en el desarrollo de alfarería centrada en muebles, campanas, órganos, jarcias, textiles de lana, entre otros. Pero además introdujeron el cultivo del cáñamo, cuya actividad impulsó la creación de talleres de sogueros. En el fondo, su aporte fue fundamental para esta actividad.

El aporte social de los inmigrantes en Chile

A comienzos del siglo XVIII llegaron a Chile una serie de inmigrantes españoles, entusiasmados por la ampliación de las relaciones comerciales y por el crecimiento del aparato público. De los sectores desde donde llegaron los inmigrantes, hay que destacar a los vascos, los navarros y los castellanos, personas que transformaron la estructura social hasta ese momento predominante. La mayoría de estos inmigrantes se dedicaron a la actividad comercial, pero también tuvieron una activa participación en el control de la tierra, logrando generar una interesante fortuna y poder político.

Junto con este significativo grupo de hidalgos, Chile vivió el crecimiento de los sectores populares y de una incipiente clase media. Se calculó que a mediados del siglo XVIII existían unos 600 000 mestizos que desarrollaron diversas actividades económicas para su subsistencia. Se desempeñaron de inquilinos en las grandes haciendas de la aristocracia nacional, otros fueron artesanos locales, otros se dedicaron a las labores domésticas en las casas patronales y un alto porcentaje de ellos se concentró en los sectores periféricos. La clase media que se constituyó en esos años fue una mezcla entre los descendientes de los sectores acomodados y algunos españoles meridionales. Este grupo no consiguió desarrollarse de forma plena, pues tuvo una importante disputa con la aristocracia vasca que dominaba el sector comercial, situación que les impidió dedicarse de lleno a esta actividad. Por lo mismo, este grupo debió buscar nuevos espacios de crecimiento personal, encontrando hueco en el ejército, en la administración rural y en la administración pública.

Un grupo que consiguió bastante protagonismo fueron los extranjeros, pues la Corona Española flexibilizó los requisitos de asentamiento en el Reino de Chile. Con la llegada de los Borbones al poder, portugueses, gallegos, franceses y catalanes aprovecharon la oportunidad de radicarse en Chile y de contraer matrimonio con las criollas. Estos matrimonios fueron una buena excusa para conseguir una residencia definitiva en el territorio, pues al establecer el enlace nupcial, era prácticamente imposible ser expulsados del Reino. De todas formas, Chile no tuvo una gran presencia de inmigrantes ingleses, básicamente por la histórica enemistad de Inglaterra con España, tendencia que con los años se modificó.

Otro grupo que estos años también se destacó fue el clero, siendo los jesuitas el grupo más llamativo. Este grupo se asentó en el país en 1593 por orden del Rey Felipe II de España. La primera expedición estuvo compuesta por cinco clérigos: Baltazar de Piña como superior; Luis de Estrella; Luis de Valdivia; Hernando de Aguilera y Gabriel de la Vega, siendo los dos últimos chilenos. Desde su inicio, la Compañía buscó dirigir e influir en el gobierno civil, por lo que con mucha prudencia eludió entrometerse directamente en algunos asuntos públicos de alta connotación social, aunque siempre estuvieron al lado del gobernador en las expediciones de guerra. Para desplegar su acción evangelizadora y cultural, la Compañía utilizó sus propios recursos económicos, los cuales acumuló por vía de las donaciones de las personas y sus cercanos. Un punto que hay que consignar es que hubo un clero secular que influyó intelectualmente en el territorio chileno y un clero regular que tuvo injerencia social significativa. Dentro de este grupo, fueron los franciscanos los que lograron notoriedad pública, sobre todo por la acción social que llevaban a cabo y por las disputas clericales que protagonizaban.

Desarrollo social de la época

El proceso de independencia chilena no hizo más que agudizar las problemáticas internas en Chile, generando mayor inestabilidad política e institucional a las autoridades de la época. Pero al margen de esa sensación de alta turbulencia política, lo más llamativo del período señalado fue la cantidad de ideas políticas y valores republicanos que comenzaron a fomentar los distintos grupos sociales. Muchos de esos valores o principios republicanos apuntaron a cimentar el nuevo ordenamiento institucional del estado, haciéndolo más representativo y cercano a las personas que lo que había en ejecución hasta ese momento. Conceptos como soberanía popular, constitucionalismo, división de poderes y derechos individuales fueron incorporados a la actividad social de esos años con el claro sentido de eliminar los privilegios de unos pocos, como también contribuir a estrechar las evidentes desigualdades sociales presentes en la organización social colonial.

Como el proceso de mestizaje había alcanzado niveles de profundidad bastante altos, esta condición trajo que este segmento de la población empujara por cambios en su destino, así también fue pila fundamental en el llamado bajo pueblo. Al importante crecimiento de los mestizos en Chile, debemos agregar a la población negra aparecida en el país, que si bien no fueron un grupo significativo, igual estuvieron presentes en la época. Se calcula que la cantidad de población de color representó a unas cinco mil personas. Tanto mestizos como criollos dieron forma al bajo pueblo. En términos educativos, este grupo social tenía cerca de un 80 % de analfabetismo, razón por la cual no lideró ninguna de las transformaciones político sociales relatadas en este libro. Básicamente los cambios que se conocieron de la época fueron liderados por la élite y no por los sectores populares. Lo que pasó en este punto es que el pueblo se limitó a tomar partido por su "patrón", quien en muchos casos influyó en la percepción política de sus trabajadores, condicionando que creciera una conciencia de clases en este grupo social.

Un punto que se desprende de lo anterior, tiene relación con que el proceso político iniciado con la independencia, igual vio frustrada la posibilidad de alterar la estratificación social imperante en el Reino de Chile. La aristocracia criolla siguió dominando el espectro sociopolítico, fue una activa opositora a que sus privilegios se fueran difuminando y trabajó incansablemente porque su grupo social continuara dominando los distintos espacios de poder. Recordemos que muchos integrantes de esta aristocracia local llegaron de España a probar suerte en Chile, concentrándose en los ámbitos militares, comercial y de administración colonial. Esto les permitió mediar entre la metrópolis y la colonia, actividad que les sirvió para afianzar su poder político y social además de profundizar su influencia interna. Al continuar ligados con la Corona Española, esta incipiente aristocracia pudo generar una significativa fortuna personal, cuestión que ayudó a estrechar lazos con la élite criolla del momento. Por tanto, aristocracia peninsular y aristocracia criolla se fusionaron y se convirtieron en un gran grupo social representativo de la élite local que concentró las tierras y consiguió influencia social alzándose rápidamente como una nueva clase dirigente autóctona. En la medida que fue afianzando su poder y su riqueza, esta nueva aristocracia local buscó afianzar su prestigio social por vía de la compra de títulos de nobleza y de órdenes de caballería, así como la creación de mayorazgos. Esta llamativa institución les permitió a sus fundadores traspasar un sinnúmero de bienes muebles e inmuebles a sus hijos mayores, los cuales se debían quedar a perpetuidad en la familia, impidiéndose su venta o posterior división. La creación de mayorazgos estaba regulada por las leyes castellanas y requería de la autorización real, al igual que la adquisición de títulos de nobleza y de órdenes de caballería, por lo que costaban una fuerte suma de dinero.

Pero no solo la aristocracia estuvo presente durante el proceso de ordenamiento político experimentado por Chile, sino que también hubo una masa de intelectuales que ejercieron una cuota de influencia durante este convulsionado período de la historia. Fue un grupo social que viajó a las grandes capitales europeas y que tras su regreso, continuó socializando sus posturas sobre el poder y el nuevo estado enfrentándose políticamente a los sectores conservadores. Muchos de estos nuevos intelectuales le dieron forma a una concepción del estado y aportaron con bases jurídicas para una nueva arquitectura administrativa cercana a los principios rectores que los guiaban. Parte de estos intelectuales fueron activos integrantes del partido liberal, aun cuando no estaban en la primera línea de la conducción política de su agrupación central. Sin embargo, su aporte estuvo en el plano de las ideas, las cuales apuntaron a disminuir los privilegios de la aristocracia local y mejorar las condiciones sociales y políticas de los sectores populares. Claramente fracasaron en su intento, pues el bajo pueblo siguió viviendo en condiciones de absoluta pobreza.

Otro grupo social que creció de forma mayoritaria en el país fue el de los militares, muchos de los cuales venían desde los criollos empobrecidos y quienes formaron parte de la oficialidad. Tuvieron un rol activo en el proceso de independencia y una parte importante de ellos ocuparon cargos políticos y presidenciales. Ejercieron una influencia sustantiva en esta materia, llegando incluso a aliarse con la aristocracia para conseguir sus anhelos políticos. De todas formas, aquellos miembros que lograron convertirse en presidentes no necesariamente lo hicieron de buena manera, demostrando poca capacidad de liderazgo, de gestión y de manejo político. Por lo mismo, muchos de las figuras militares tuvieron una estrecha relación con los intelectuales de la época, quienes terminaron por ordenar y orientar administrativamente al gobierno.

En esta etapa hubo dos grupos que se mantuvieron bien distantes de los procesos políticos analizados en este libro. No porque lo hayan querido, sino porque no pertenecían a los grupos de poder. Me refiero a la masa campesina y a los artesanos. El primer grupo estaba sometido a las reglas impuestas por la voluntad del latifundista, tenía poca capacidad de intervención política y vivía en condiciones miserables. Junto a la del inquilino, estaban las figuras del peón y del gañán, que eran trabajadores estacionales sin ningún tipo de compromiso con el patrón. En el caso de los artesanos, muchos de ellos y ellas se dedicaron a trabajar la madera, la greda, la caña y los metales, consiguiendo algunos el apoyo y la asesoría de los extranjeros afincados en el país, de quienes aprendieron nuevas técnicas y mejoras en los servicios ofrecidos.

Capítulo 2

Los acontecimientos independentistas 1810-1823

La Patria Vieja (1810-1814)

Debido a que la representatividad de la Junta de Gobierno era limitada y a que en su elección solo participaron vecinos de Santiago, las autoridades de la época decidieron crear el Primer Congreso Nacional. Este comenzó a sesionar el 4 de julio de 1811 en el Palacio de la Audiencia, situado en la Plaza de Armas de Santiago de Chile. Estuvo integrado por cuarenta y dos diputados, siendo presidido por Juan Antonio Ovalle. Sus integrantes juraron obedecer a Fernando VII y defender el Reino contra sus enemigos interiores y exteriores. Pero el Congreso duró poco: el 4 de septiembre de 1811, el político y militar José Miguel Carrera dio un golpe que cambió su composición, quedando en mayoría los patriotas antimonarquía. Carrera expuso una serie de exigencias, entre las cuales estuvo la disminución de los diputados por la ciudad de Santiago (eran doce) y la creación de un reglamento para la autoridad ejecutiva. Como no quedó conforme con lo acordado dio un nuevo golpe militar el 15 de noviembre de 1811, instancia en que cambió el poder ejecutivo. Sin embargo, como nuevamente no quedó conforme con el rumbo del país volvió a dar otro golpe el 2 de diciembre, momento en el cual disolvió el Congreso de la Nación. Molesto de tantas ideas independistas, el Virrey del Perú, Fernando de Abascal, envió a Chile (1813) al brigadier realista Antonio Pareja, quien con un contingente de cuatro mil hombres avanzó para acabar con las insinuaciones independentistas. Carrera asumió el mando de las tropas que se enfrentaron a las de Pareja en Yerbas Buenas (abril de 1813), aunque ninguno de los dos triunfó en esa batalla. Luego, el brigadier español se refugió en Chillán y, tras su muerte, fue reemplazado por Juan Francisco Sánchez. Un nuevo contingente realista, esta vez al mando del brigadier Gabino Gaínza, logró apoderarse de la ciudad de Talca. La Junta de Gobierno reaccionó nombrando a Francisco de la Lastra como Director Supremo para concentrar las acciones de defensa de los patriotas. En mayo de 1814, tanto patriotas como realistas firmaron el Tratado de Lircay, que se suponía que terminaría con los enfrentamientos y las hostilidades, pero ninguno de los grupos aceptó.

Período de Reconquista o de Restauración Absolutista (1814-1817)

Se denomina "Reconquista" al período de la historia de Chile que abarca la derrota de las fuerzas patriotas a manos de las realistas en la ciudad de Rancagua, el 1 y 2 de octubre de 1814 y la victoria patriota en la Batalla de Chacabuco, el 12 de febrero de 1817. Este período coincide con la restauración monárquica en España, pues el rey Fernando VII, tras haber sido liberado por Napoleón, recuperó su trono y restableció el régimen absolutista en España. Luego de la derrota de los patriotas en Rancagua, el jefe de los realistas, Mariano Osorio, asumió el mando del país con el título de Gobernador. Entre sus principales medidas estuvo la de exiliar a los patriotas a Argentina, restituir la autoridad del Rey en el país, abolir todas las iniciativas republicanas impulsadas por José Miguel Carrera y Bernardo O´Higgins, reponer todas las instituciones administrativas, judiciales y de gobierno de tipo colonial, además de imponer el toque de queda y de ordenar al exilio a todo aquel que fuera partidario de la independencia. Fue tal el nivel de persecución, que desterró a la zona de Juan Fernández a varios patriotas y a otros tantos los envió a la ciudad de Santiago. Adicionalmente, impuso fuertes impuestos a los patriotas y confiscó parte de sus bienes. Debido a conflictos políticos con el Virrey, Osorio fue reemplazado por el mariscal de campo Casimiro Marcó del Pont, quien llegó al país a fines de 1815. Marcó del Pont aumentó las medidas represivas contra los patriotas creando el Tribunal de Vigilancia y de Seguridad Pública con el objetivo de castigar penalmente a quienes se manifestaran a favor de la independencia. Mientras los realistas se reposicionaban en Chile, en Mendoza (Argentina), José de San Martín y Bernardo O´Higgins formaron una fuerza militar para derrotar a los realistas en Chile y continuar su travesía independentista hacia el Perú. A comienzos de 1817, las tropas patriotas se movieron a Chile cruzando por diferentes pasos de la Cordillera de los Andes. El gobernador Marcó del Pont —enterado de la invasión patriota— entregó el mando de las fuerzas realistas al brigadier Rafael Maroto, quien con un ejército de dos mil hombres se enfrentó a las tropas independentistas el 12 de febrero de 1817 en la batalla de Chacabuco, sufriendo una dura derrota. Tras ese triunfo, los patriotas se abrieron paso hacia Santiago el 14 de febrero de 1817 poniendo fin al período conocido como la Reconquista e iniciando el período de la Patria Nueva.

Período de la Patria Nueva (1817-1823)

La Patria Nueva fue un periodo de la historia chilena en el que se pusieron los cimientos para la independencia del país. Comenzó en 1817, tras la victoria de los patriotas en la Batalla de Chacabuco, y finalizó en 1823, con la renuncia al poder de Bernardo O'Higgins. Los primeros años de esta etapa se caracterizaron por los enfrentamientos entre las tropas españolas y los partidarios de la independencia y las profundas diferencias políticas entre los patriotas. El personaje principal de la Patria Nueva fue Bernardo O'Higgins, pero rodeado de otros protagonistas como José de San Martín, Manuel Rodríguez o Lord

Thomas Cochrane. El 21 de enero de 1817, al frente de mil soldados, O'Higgins abandonó Mendoza para entrar en Chile. El 12 de febrero de 1817 se produjo la Batalla de Chacabuco, el 14 entraron las tropas patriotas a Santiago de Chile y el 15 nombraron Director Supremo a Bernardo O´Higgins. Ante la noticia de un nuevo ataque de las fuerzas realistas a cargo de Mariano Osorio, fue declarada la independencia de Chile en la ciudad de Talca un 12 de febrero de 1818. El 19 de marzo de 1818 se produjo un nuevo enfrentamiento entre patriotas y realistas en Cancha Rayada, donde estos últimos tuvieron un buen desempeño. Sin embargo, la gran batalla se produjo un 5 de abril en Maipú, momento en el que se selló la independencia definitiva de Chile.

Capítulo 3

El período de los ensayos constitucionales (1823-1830)

La búsqueda de un ordenamiento institucional

Tras los sucesos iniciados por la primera Junta Nacional de Gobierno, Chile transitó hacia un período llamado "Anarquía", que luego derivó en lo que se conoce como "Ensayos Constitucionales". Este período puede ser interpretado como una etapa de transición entre dos momentos políticos significativos en Chile: la salida del poder de Bernardo O´Higgins en enero de 1823 y el advenimiento de los conservadores bajo el gobierno de José Joaquín Prieto un 18 de septiembre de 1831. Este período es conocido como "Anarquía", básicamente por la continua sucesión de gobiernos, constituciones y tensiones políticas que se desarrollaron. Pero también fue una etapa de discusión en la que se abrieron espacios para que nuevas ideas republicanas se difundieran y se entrelazaran de mejor forma entre quienes participaban de la vida política. El vacío de poder generado por la renuncia de O'Higgins dio lugar a un periodo caracterizado por una serie de ensayos que apuntaron a dar una nueva organización política al país, etapa en la que la sociedad chilena trató de conformar y adoptar un nuevo imaginario ideológico y una nueva forma de hacer política. Una de las características más relevantes de la etapa de los Ensayos Constitucionales fueron los intentos por organizar políticamente a la nueva república, pero siempre pensando en experiencias organizativas foráneas, especialmente aquellas donde la Ilustración y la Revolución Francesa tuvieron un mejor desempeño político. Estas ideologías, que fueron bastante populares en sus respectivos países, dotaron de un sentido de republicanismo crítico a sus gestores, quienes, motivados por el tono de la discusión política, adoptaron términos que sedujeron a una parte importante de sus seguidores. Conceptos como ciudadanía, opinión pública, democracia, soberanía popular, libertad de prensa, gobierno representativo, etc., coparon el debate público y se utilizaron con una especial regularidad para darle identidad a las nuevas propuestas administrativas, las cuales se alinearon con la penetración de todas las ideas extranjeras anteriormente explicadas y allanaron el camino para la aparición de diversas tendencias políticas, que se expresaron de manera extraoficial sin llegar a formar partidos políticos tradicionales. Sin embargo, esta situación no se extendió por mucho tiempo.

Aparecieron distintos grupos de opinión política que debatieron sus ideas en asambleas o a través de medios escritos, instalando distintas posiciones que luego se plasmaron en los gobiernos de la época. Estas nuevas ideas republicanas recogidas desde los idearios políticos de la Revolución Francesa, la Ilustración y o de la propia

Independencia de los Estados Unidos, dieron inspiración a la conformación de nuevas fuerzas políticas, expresadas luego en la creación de una nueva constitución política. Otra característica que marcó significativamente este periodo republicano fue la existencia de varios gobiernos de corta duración, situación que se explica por el excesivo celo de la aristocracia local hacia los gobiernos muy duraderos. La aristocracia, en particular, consideraba que la función del Jefe de Estado debía remitirse a conducir los asuntos administrativos del país y por ello se manifestaba en contra de los que estimaban gobiernos largos. En esta etapa, la élite política y social intentó adoptar un nuevo dispositivo ideológico y una nueva manera de ejercer la política, alejada de golpes de estado y tensiones intraélite que dominaron gran parte del período. En este período, tanto la aristocracia tradicional como la Iglesia Católica vieron condicionados sus privilegios, al punto de ser desplazados de su eje de dominación, lo que significó que otros actores políticos coparan ese sitial. Tanto militares, como intelectuales y figuras liberales, insistieron en transformar la estructura político social imperante en el país, aun cuando varios de ellos venían desde la misma aristocracia tradicional.

El tema fue que eran un grupo con profundas diferencias sociales hacia sus antecesores y mucho más críticos de la forma de conducir el país. Estas disputas dieron paso a la conformación de dos grupos políticos bien identificados: los pipiolos (liberales) y los conservadores (pelucones). Los primeros fueron partidarios de reformas liberales, propusieron la división del estado y entre sus figuras políticas más destacadas encontramos a Ramón Freire y Francisco Antonio Pinto. En el caso de los pelucones, este fue un sector político que congregó a la clásica aristocracia latifundista y propuso el establecimiento de un régimen de gobierno centralizado y fuerte, pero que no llevara a cabo profundas reformas a la actual estructura económi-cosocial. A estos dos grupos principales de la época, hay que agregar otras expresiones políticas, tales como los *o 'higginistas,* los estanqueros y los federalistas. En el caso de los *o 'higginistas,* este grupo agrupó a los seguidores del ex Director Supremo Bernardo O´Higgins, quienes buscaron que su líder regresara del exilio en Perú. Esta agrupación estaba conformada por una serie de militares de alta gradación como José Joaquín Prieto y un joven Manuel Bulnes.

En el grupo de los estanqueros estaban los comerciantes que se aliaron con Portales para el control y monopolio del estanco que, a pesar del fracaso de su empresa, fueron compensados por el estado mediante el pago de indem-nizaciones. Los federalistas estuvieron entre los que se contaba José Miguel Infante y casi toda la élite política que promulgaría la Constitución Federal de 1826. Este grupo político poseía un proyecto administrativo basado en el poder de las aristocracias provinciales. Lo llamativo de estas fuerzas políticas fue que sintieron una importante simpatía por el poder de la ley y creyeron que con una nueva constitución se lograría transformar la realidad so-cial y política del momento. Para conseguir este anhelo político se dictaron una serie de constituciones que plas-maron sus ideales, entre los que se destaca la garantía de las libertades individuales. Los ensayos constitucionales aprobados en esos años fueron muestra de las distintas miradas y visiones sociales presentes en el territorio nacional, sobre todo las que tenían relación con derechos fundamentales y la nueva división del estado. Sus creadores fueron intelectuales destacados, reiterando que la mayoría de sus propuestas se basaron en teorías o en experiencias extranjeras más que en la propia realidad del país.

De todo este selecto grupo de nuevas expresiones políticas, debemos destacar a los pipiolos, quienes empujaron por cambios institucionales significativos que reordenaron al Reino de Chile. El problema fue que se intentó aplicar ideas foráneas que pese a que pudieron funcionar perfectamente en un territorio desarrollado tuvieron que enfrentarse a una realidad político social muy distinta, lo cual hizo fracasar ese tipo de propuestas. Entre las características más relevantes de esta etapa están los intentos por organizar políticamente a la nueva república bajo ideales políticos extranjeros (Ilustración y Revolución Francesa) una profunda crisis económica y financiera, producto de los daños que sufrió el presupuesto nacional con la guerra para expulsar a los españoles; y el nacimiento de diversas tendencias políticas que se expresaron de manera muy embrionaria pero sin llegar a conformar partidos políticos. Al no concretar una propuesta institucional que otorgara estabilidad al territorio, Chile vivió un proceso de agudización de su crisis económica y política. Es decir, hubo una extensión de la crisis de estabilidad política advertida en el proceso de independencia que estalló durante el Período de los Ensayos Constitucionales.

Gobierno de Ramón Freire (1823-1826)

El Período de los Ensayos Constitucionales vivió un momento de implementación de nuevos gobiernos, muchos de ellos liderados por figuras provenientes del mundo militar. En esta etapa estuvieron dirigiendo el país Ramón Freire (1823-1826), Manuel Blanco Encalada (julio a septiembre de 1826), Agustín de Eyzaguirre (septiembre 1826 a enero de 1827), Ramón Freire de nuevo (enero de 1827 al 5 de mayo de 1827) y Francisco Antonio Pinto (diciembre de 1827 a enero de 1829).

Ramón Freire nació en Santiago el 29 de noviembre de 1787 y fue hijo de Francisco Antonio Freire y Paz y de Gertrudis Serrano y Arrechea. Antes de convertirse en presidente desarrolló varios oficios como el de dependiente de la casa de comercio de la familia Urrutia Mendiburu, o el de sobrecargo del buque mercante de dicha compañía entre Talcahuano y los puertos del Perú. En 1811, a los veinticuatro años, ingresó como cadete al escuadrón Dragones de la Frontera. En 1813, ascendió al grado de teniente, participando en las batallas de Curapalihue, Huilquilemu, Talcahuano, El Roble y El Quilo, entre 1812 y 1814. En 1816, se incorporó al Ejército de los Andes (Ejército libertador de las colonias americanas) y estando bajo las órdenes del general argentino José de San Martín, fue enviado a tomar la ciudad chilena de Talca. En el año 1823 se opuso a la dictadura de Bernardo O´Higgins, y luego de renunciar al cargo, Freire se transformó en director supremo provisorio para después asumir con total propiedad el cargo. A partir de esa fecha, el mandato del general

Freire se enfocó en ordenar jurídica y constitucionalmente al país. Sumó a su gobierno a Mariano Egaña, quien entregó la primera propuesta constitucional para su gobierno. Entre las medidas que aplicó Freire se pueden destacar el establecimiento de acuerdos comerciales con Gran Bretaña. En 1824 decidió ceder el control del estanco del tabaco, rape, naipes y licores a la empresa privada Portales, Cea y Cía. Producto de la crisis económica que vivió el país, su gobierno experimentó procesos de sublevación militar, ya que como las arcas fiscales estaban reducidas, muchos de los militares no percibieron sus salarios. Desde un punto de vista social, logró abolir la esclavitud[6] (1823) gracias a la gestión ejercida por José Miguel Infante. No obstante, el Senado presionó para que esta propuesta no dejara en desventaja a los esclavistas, por lo que Manuel Egaña propuso que los dueños de esclavos fueran indemnizados por el Estado. Es preciso mencionar que dicho Senado, que operó hasta la entrada en vigencia de Nueva Constitución Política, fue fundado bajo su gobierno. Esta constitución se conoció como la "Constitución Moralista de Juan Egaña" (1823). Dicha constitución propuso un Congreso Bicameral con clara preeminencia del Senado sobre la Cámara de Diputados. Sin embargo, esta constitución resultó difícil de ser aplicada y fue derogada.

---

6. Se calculó que en esos años el número de esclavos era de aproximadamente unos cuatro mil, siendo en su mayoría mujeres y ancianos.

Gobierno de Manuel Blanco Encalada
(julio a septiembre de 1826)

Blanco Encalada nació en Buenos Aires el 21 de abril de 1790. Sus padres, ambos pertenecientes a la clase alta, fueron el oidor don Manuel Lorenzo Blanco Cicerón, de nacionalidad española, y doña Mercedes Calvo de Encalada y Recabarren, de nacionalidad chilena. Enfrentado a la disyuntiva de escoger su propia nacionalidad, Blanco Encalada no titubeó ni un instante en escoger la tierra de su madre, es decir a Chile, como su patria, a la que sirvió como el más amante de sus hijos. Al cumplir los doce años de edad, su madre decidió darle una mejor educación y lo envió a España. En 1807 ya estaba enrolado en la Marina Española como alférez y al año siguiente logró ser destinado al apostadero naval de El Callao (Perú). En 1813 tomó el camino de Chile, llegando a Santiago cuando acababa de recibirse la noticia del desembarco del Brigadier Antonio Pareja en Talcahuano (Chile). De inmediato se incorporó al ejército patriota.

El 28 de junio de 1818, con el grado de Capitán de Marina de Primera Clase, se nombró a Blanco Encalada Comandante General Interino del Departamento de Marina, con sede en Valparaíso (Chile), encargándose también de la organización de una academia de guardiamarinas para formar oficiales y el reclutamiento de marineros extranjeros, en particular ingleses y norteamericanos. El 7 de junio de 1820 asumió los cargos de Jefe Interino del Estado Mayor y Comandante General de Armas de Santiago y el 7 de septiembre del mismo año, el Senado le confirió la investidura de Mariscal de Campo. La campaña final de Blanco en la Guerra de la Independencia, fue su expedición para la liberación de Chiloé, el último baluarte español en Chile. Allí, nuevamente al frente de la escuadra, condujo a las fuerzas del general Ramón Freire Serrano. Tras su importante incursión militar en Chiloé, fue elegido Presidente de la República desde el 9 de julio hasta el 9 de septiembre de 1826. Esta fue la primera vez en la historia política de Chile en que se usó el título de Presidente de la República para designar a la primera autoridad del estado. Contó con el apoyo político de los pipiolos (los liberales) y fue electo en el cargo por el Congreso de la Nación, venciendo en esa elección a José Miguel Infante, siendo acompañado en su mandato por Agustín de Eyzaguirre con el cargo de vicepresidente. Durante su corto período presidencial le tocó lidiar con las disputas políticas entre los pipiolos, pelucones y estanqueros, grupos políticos que buscaron imponer sus modelos constitucionales, pero siempre dentro de los parámetros del republicanismo. Encalada duró solo dos meses en el poder y luego se retiró de toda actividad política.

Gobierno Agustín de Eyzaguirre Arechavala (septiembre de 1826 a enero de 1827)

Este presidente nació en Santiago de Chile un 3 de mayo de 1768, siendo sus padres el maestre de campo, Domingo de Eyzaguirre y Escutusolo y María Rosa de Arechavala y Alday. Contrajo matrimonio con Teresa Larraín y Guzmán Peralta Lecaros, con quien tuvo una gran descendencia. Finalizados sus estudios primarios, tuvo la idea de ingresar al sacerdocio, por lo que estudió cánones y leyes en la Real Universidad de San Felipe y luego teología. Sin embargo, desistió de esa posibilidad religiosa y se dedicó a la agricultura junto su padre, como también al comercio, desarrollando ambas actividades gran parte de su vida. Pero como fue miembro de una importante familia chilena, Agustín de Eyzaguirre decidió desarrollar una activa vida política y social. Por ejemplo, fue alcalde ordinario en Santiago de Chile en 1810 y cabildante en 1811. Firmó el Acta del 18 de septiembre de 1810 y el Reglamento para el Arreglo de la Autoridad Ejecutiva Provisoria de Chile, sancionado el 14 de agosto de 1811. Se hizo cargo del gobierno tras la renuncia a la presidencia de Manuel Blanco Encalada, pero tuvo serias dificultades para poder organizar el país. Asumió la jefatura del estado bajo una profunda crisis social, política y sobre todo económica, ya que el erario estaba prácticamente agotado y escaseaban los recursos para pagar los sueldos a los funcionarios públicos y al ejército. Para poder superar la crisis, su gobierno se abrió a la opción de expropiar y vender bienes eclesiásticos para financiarse, pues el erario fiscal estaba en números rojos. En paralelo también debió lidiar con la delincuencia, la inseguridad y el bandolerismo (entre los grupos más reconocidos estuvieron los hermanos Pincheira), así como los desórdenes y los escándalos que se produjeron a causa de las elecciones de los cargos eclesiásticos y las fuertes rivalidades que surgieron entre las provincias tras la idea de pensar en conformar el país de manera federal. En paralelo, las disputas políticas entre los distintos grupos políticos continuaron existiendo y surgieron bandoleros que azotaron los cultivos y las haciendas. Fue en estos años cuando se generaron fuertes disputas por la cancelación de la producción del estanco del tabaco, la cual estuvo en manos de la empresa Portales, Cea y Cía. Según algunos investigadores e investigadoras, en este ambiente de tensión política y de inestabilidad económica, el grupo más radical de los federalistas resolvió derrocar al gobierno, cuyo brazo ejecutor fue el coronel Enrique Campino. Agustín Eyzaguirre fue depuesto de su cargo el 25 de enero de 1827.

Segundo gobierno de Ramón Freire (enero de 1827 al 5 de mayo de 1827)

Ejerció como presidente de la República entre el 25 de enero de 1827 y el 5 de mayo de 1827, en medio de una absoluta inestabilidad política y de una lucha permanente entre los liberales y los conservadores. En enero fue convocado a sofocar el motín liderado por el coronel de ejército Enrique Campino e intentar calmar los ánimos políticos en un momento difícil para el país. No obstante, ambos bandos políticos buscaron manejar a Freire, pero consecuente con su pensar político, decidió apoyar a los liberales. Para dotar de estabilidad política al país, el nuevo presidente convocó a elecciones generales para el mes de febrero, siendo votado por más del 77 % de los congresales, teniendo como vicepresidente a Francisco Antonio Pinto. Si bien Freire tuvo un mandato legal, su intención primaria fue la de impulsar la apertura de un proceso constituyente para la redacción de una nueva constitución política. Al crearse esta comisión, Freire renunció a su cargo. Luego de eso, fue presidente de la Junta de Gobierno el 7 de noviembre de 1829.

Francisco Antonio Pinto
(diciembre de 1827 a enero de 1829)

Nació en Santiago en 1785 y fue hijo de Joaquín Fernández Pinto y de Mercedes Díaz Darrigrandi. Estudió en el Convictorio Carolino y posteriormente prosiguió los cursos de Leyes en la Real Universidad de San Felipe, para luego recibirse como abogado en 1806. Se casó con Luisa Garmendia Aldunate y fue padre de Aníbal Pinto, futuro Presidente de Chile, y de Enriqueta Pinto, quien sería la mujer de Manuel Bulnes. Fue un prestigioso militar que había servido en las campañas de la independencia y en la expedición al Perú. Fue un miembro distinguido del Partido Liberal y uno de los chilenos más ilustrados de su tiempo. Una de sus principales actividades personales fue la comercial, la cual le permitió realizar ciertos viajes a Lima. La formación de la Primera Junta de Gobierno le sorprendió en la capital del Perú, ciudad desde donde retornó al siguiente año. Una de sus primeras misiones políticas fue la representar a Chile en Buenos Aires (1811) en calidad de funcionario del gobierno chileno. Posteriormente debió dirigirse a Inglaterra en una misión cuyo objetivo fue conseguir el apoyo de los gobiernos europeos en favor de la independencia de Chile (1813). Estando en Inglaterra se enteró de la derrota de la batalla de Rancagua y del término de su misión, por lo que decidió acercarse políticamente a Manuel Belgrano, representante de las Provincias Unidas del Río de la Plata. Posterior a esto viajó a la Argentina. Participó en las acciones militares en el Alto Perú y formó parte de la Expedición Libertadora del Perú, permaneciendo en aquel país hasta 1824. De regreso en Chile, ocupó los cargos de Intendente de Coquimbo, Ministro del Interior y Ministro de Relaciones Exteriores.

Al renunciar Freire a la presidencia del país, Pinto lo sucedió en el poder en medio de las disputas políticas entre liberales y conservadores. Cuando estuvo como vicepresidente participó de la redacción de la Constitución de 1828, firmándola propiamente el 8 de agosto de 1828. Como era representante de los liberales (los llamados pipiolos) en 1829 fue ratificado como Presidente de la República y en términos formales asumió el cargo desde el 19 de octubre al 2 de noviembre de 1829. Como era abogado y había prestado sus servicios al estado como militar durante el proceso de independencia, se desempeñó como Ministro de Estado y diplomático. Durante su mandato dio pie a las conformaciones de colegios de primeras letras y en su gobierno se redactó la Constitución

Liberal de 1828. Su intención fue mantener la situación política dentro de un marco de legalidad para finalmente terminar sucumbiendo ante los acontecimientos políticos. Bajo su mandato estalló la guerra civil entre conservadores y liberales, conflicto que generó que las provincias de Concepción y Maule, además del Ejército del Sur, liderado por José Joaquín Prieto Vial, desconocieran la legalidad y la proclamación de su gobierno. Al no conseguir que el país consiguiera cierta estabilidad, Antonio Prieto optó por dejar el poder, siendo reemplazado por el Presidente del Senado, Francisco Ramón Vicuña Larraín. El conflicto entre los liberales y los conservadores terminó en la Batalla de Lircay un 17 de abril de 1830, situación que marcó el triunfo de los conservadores y su posterior hegemonía política, la cual se extendió por casi tres décadas. Si bien Pinto no participó en ningún evento armado, los pelucones lo dieron de baja, por lo que decidió retirarse a la vida familiar. A pesar de todo esto, el presidente Manuel Bulnes lo nombró Consejero de Estado y en 1843 fue electo diputado por ciudad de La Serena. En tal condición, asumió la presidencia de la Cámara Baja. Fue así como en los períodos 1846-1855 y 1855-1864 se convirtió en senador, para luego alcanzar la presidencia de la Cámara Alta. Falleció en la ciudad de Santiago falleció el 18 de julio de 1858 a los setenta y tres años de edad.

Capítulo 4

Las propuestas constitucionales del período

Reglamento Constitucional de 1818

A toda la problemática social y política que vivió Chile se le agregó la construcción de una carta magna que debía orientar el devenir histórico del país. La búsqueda de un ordenamiento institucional se transformó en una cuestión trascendental para Chile, proceso que estuvo marcado por la inestabilidad política que vivió el país, con una élite que se disputó los nuevos espacios de poder. Si bien el período liberal estuvo dominado por la intención de equilibrar al país, lo cierto es que este anhelo fue poco realizado, básicamente porque las pugnas de poder contribuyeron a que estas intenciones lograran conseguir su objetivo central: estabilidad política y social. A pesar de esta situación, lo concreto es que las propuestas constitucionales que emanaron de los grupos de poder, tuvieron un significativo impacto en la instalación de conceptos y de visiones de país que se proyectaron a toda la sociedad. Además, las nuevas propuestas constitucionales buscaron instalar la idea de sociedad republicana, como también la idea de soberanía popular y constitucionalismo, división de poderes y ampliación de derechos individuales. En el año 1812 se dictó un reglamento constitucional de carácter provisorio que tuvo un preámbulo en el que se explicó por qué sería un texto transitorio, además de reafirmar que Chile reconocía a Fernando VII como su soberano, quien debía validar la propuesta de reglamento. El texto provisorio definió la división de poderes, estableciendo la creación de los poderes ejecutivo, legislativo y judicial. Lo llamativo de esta propuesta constitucional es que el artículo quinto, de manera indirecta, manifestó una posición sobre la independencia del país. Dicho artículo sostuvo que ningún decreto, providencia u orden emanaría de cualquier autoridad o tribunal fuera del territorio nacional. No obstante, ese artículo provocó molestia en el Virrey del Perú, Fernando de Abascal, quien calificó la propuesta como sediciosa, determinó suspender el envío de tabaco y desconoció la libertad de comercio como represalia ante la propuesta formulada por José Miguel Carrera.

En el año 1818, Bernardo O´Higgins también propuso un reglamento constitucional, el cual fue consagrado un 23 de octubre de 1818 contando con veintidós artículos. Las disposiciones generales de este reglamento apuntaron a ordenar los derechos y deberes de las personas y a reglar el derecho a la propiedad. Los puntos centrales de esta propuesta fueron: la libertad e igualdad civil, seguridad individual, honra y hacienda. En este punto, el reglamento proclamó que nadie podía ser castigado o desterrado sin ser oído y legalmente reconocido de algún delito contra la sociedad. Para finalizar, el reglamento señaló que todo individuo debe total y absoluta sumisión a la Constitución, a sus estatutos y a sus leyes. Cuatro años más tarde surgió una nueva propuesta constitucional, la llamada Constitución de 1822. Fue redactada durante el gobierno de Bernardo O´Higgins y su autor fue José Antonio Rodríguez Aldea, ministro de O´Higgins, quien propuso que el poder ejecutivo estaría en manos del Director Supremo por un espacio de seis años, pero con la posibilidad de ser reelecto por otros cuatro años más. Esta idea se inspiró en la Constitución de Cádiz de 1812, de carácter liberal, la cual se interesó por reglamentar aspectos asociados a la nacionalidad y la ciudadanía. No se fijaron límites territoriales y se redefinieron los tres poderes del estado, motivos por los cuales la constitución de O´Higgins recibió muchas críticas, por lo que Chile entró en un camino de disputa de ideas que no terminó hasta finales de 1820.

La Constitución Moralista de 1823

Un 11 de abril de 1823, Chile promulgó una nueva carta magna, la cual se denominó Constitución Moralista. Esta propuesta constitucional fue escrita por el intelectual Juan Egaña, quien imaginó un Chile al estilo griego, con ciudadanos ejemplares, de una conducta ética prácticamente irreprochable que incluía nuevos valores cívicos y morales. Además, fue un férreo defensor de incluir la religión católica como obligatoria. El proceso de discusión y promulgación de esta constitución comenzó el 7 de julio de 1823, con la elección de un congreso constituyente presidido por el abogado, jurista y político Juan Egaña. El texto fue redactado inicialmente por una comisión de cinco diputados, quienes discutieron la propuesta de borrador elaborado por el propio Egaña. Conformaron dicha comisión, además de Juan Egaña, José Gregorio Argomedo, Agustín Vial, Diego de Elizondo y Santiago Echevers. Sin embargo, las divergencias al anterior del grupo redactor obligaron a llevar el borrador original de Juan Egaña al plenario del Congreso Constituyente, el cual entraba en funcionamiento el 12 de agosto del mismo año. La propuesta de la nueva constitución tenía doscientos setenta y siete artículos y fue la extensa propuesta de carta magna antes conocida. Se hizo impracticable por la mezcla de elementos políticos, religiosos y morales, especialmente porque tenía la pretensión de regular y controlar la vida pública y privada de forma muy minuciosa. Entre los artículos más importantes se destacaron: el que establecía un estado chileno unitario e independiente; el que entregaba el poder ejecutivo a un Director Supremo elegido por cuatro años, pero pudiendo ser reelecto nuevamente; el que establecía que el poder legislativo estaría bajo la tuición del Senado, el cual estaría conformado por nueve miembros, quienes velarían porque los nuevos valores morales y costumbres se cumplieran. Este senado, muy conservador y con un fuerte poder político, duraría seis años en el cargo y sus integrantes podrían reelegirse indefinidamente. Por otra parte, la Constitución de 1823 estableció una Cámara Nacional con carácter no permanente e integrada por no menos de cincuenta, ni más de doscientos consultores, quienes ejercerían el cargo por ocho años. Esta cámara sería convocada en caso de algún veto suspensivo del Senado o del Director Supremo y tratándose de la declaratoria de guerra, contribuciones o empréstitos.

Otro artículo bastante discutido tuvo relación con que la nueva constitución estaría reglamentada por un código moral que no se llegó a elaborar. Se propuso tendrían derecho a sufragio los varones casados mayores de veintiún años y los solteros de más de veinticinco. Esta constitución también fijó los nuevos límites de la nación y determinó la abolición de la esclavitud. El problema de esta constitución es que propuso un nuevo marco institucional que burocratizaba en demasía al estado y que establecía un complejo proceso de tramitación de las leyes, así como la intención de pretender reglamentar y valorar el comportamiento público e incluso privado de los ciudadanos por medio de la proposición de un código moral. Al ser tan moralista la propuesta de Egaña, el Congreso la terminó por derogar en diciembre de 1824, puesto que era muy difícil examinar o regular la moral de las personas, generando más dificultades que estabilidad política en el territorio.

La Constitución Federalista de 1826

La organización del país se convirtió en un tema de interés político para la élite de esos años, por lo que pensar en una propuesta federal fue motivo de presión de algunos grupos intelectuales cercanos al proceso político que vivió Estados Unidos. Las Leyes Federales de 1826, conocidas como la Constitución de 1826, fueron un ensayo federalista realizado en Chile dentro del periodo de organización del estado, sin la existencia de una constitución formalmente aprobada. En el año 1826, el Congreso aprobó una serie de leyes de tipo federal que fueron propuestas por el intelectual José Miguel Infante, sin esperar la aprobación de la carta constitucional, siendo esta una de las razones por las cuales Ramón Freire renunció a su cargo y fue elegido como presidente Manuel Blanco Encalada. En términos prácticos, las leyes federales fueron sancionadas por el Congreso entre julio y octubre, pero el proyecto propiamente tal no logró ser aprobado a pesar de que en lo sustantivo estas leyes solo anticipaban lo que ya se planteaba en la carta constitucional.

En términos concretos, la propuesta federal organizó al país en ocho provincias: Coquimbo, Aconcagua, Santiago, Colchagua, Maule, Concepción, Valdivia y Chiloé. Cada una de ellas dispondría de un gobernador elegido por voto popular, al igual que los cabildos y los curas párrocos. Además, cada provincia habría de organizar una asamblea popular, haciéndose la elección de sus autoridades locales por sufragio.

Las provincias de Coquimbo, Concepción y Valdivia, fueron las más vehementes a la hora de adherirse a la aprobación de estas leyes, ya que desde hacía mucho tiempo percibían el centralismo santiaguino con recelo. Sin embargo, la propuesta federal trajo consigo una serie de problemas y confusiones, pues las provincias no contaban con muchos recursos para implementar políticas locales, junto con los problemas generados por las elecciones de los eclesiásticos, efervescencia que hizo fracasar la propuesta de José Miguel Infante. Pero no solo las elecciones gatillaron que la propuesta comenzara a debilitarse, el atraso económico de las provincias también fue un factor que condicionó el avance del federalismo, sumado a la inexperiencia política y las disputas intraélite. El Congreso finalmente entró en conflicto con Manuel Blanco Encalada, quien terminó renunciando al cargo en septiembre de 1826, asumiéndolo Agustín Eyzaguirre, quien gobernó hasta enero de 1827. Mientras tanto, el Congreso, al preparar el proyecto de nueva constitución, llegó al problema central de precisar qué tipo de sistema administrativo se aplicaría, pero no se adoptó decisión alguna. Fue así como en mayo de 1827 suspendió sus sesiones y decidió consultar directamente a las provincias si aceptaban o rechazaban la propuesta. Lamentablemente, las respuestas de las provincias tardaron en llegar, puesto que no existió un total convencimiento en cuanto a la idea del federalismo. En el fondo, las características políticas de la nueva constitución, la discutida división territorial y la falta de presupuesto para implementar dicha constitución, condicionaron severamente su puesta en práctica. Al entorpecer el desarrollo del país, el Congreso que sancionó las leyes federales se disolvió sin ratificar el nuevo proyecto constitucional, poniendo fin a las aspiraciones de contar con un régimen federal y relegando nuevamente el debate a nuevas autoridades y grupos políticos.

La Constitución Liberal de 1828

La Constitución Política de la República de Chile de 1828 fue promulgada en Valparaíso un 9 de agosto de 1828 durante el gobierno del liberal Francisco Antonio Pinto. Fue una aspiración del Congreso elegido en enero de ese año y el proyecto estudiado por la comisión designada dentro de su seno. La revisión del texto fue de responsabilidad del literato español, con tintes afrancesados, don José Joaquín de Mora. En la Constitución se precisó el concepto de nación, territorio y la división del país en ocho provincias. Fue conocida como la Constitución Liberal de 1828 y contó con el apoyo Melchor de Santiago Concha y Cerda. Las disputas entre conservadores y liberales vieron una especie de paréntesis con la promulgación de la Constitución de 1828, momento en que los liberales pudieron instalar a una parte importante de su sector en el poder. Una de las razones que permitió que los liberales impusieran su posición fue la incapacidad de las provincias por entregar estabilidad política para el país y mejorar los mecanismos de descentralización del poder. Si bien la vigencia de esta constitución fue más bien breve, es relevante destacar que esta carta magna sirvió como base a las constituciones siguientes al ejercer de modelo de redacción y organización del estado. En términos de orden del estado, la nueva constitución planteó lo siguiente: el poder ejecutivo estaría conformado por un presidente electo por votación popular indirecta que ocuparía el puesto por cinco años sin derecho a reelección inmediata, teniendo que esperar para ello un periodo intermedio de otros cinco años. Se crearía el cargo de Vicepresidente de la República, el cual habría de ostentar la segunda mayoría. En caso que hubiera dos candidatos con la misma votación, sería tarea del Congreso el elegir quién sería el nuevo vicepresidente. El presidente tendría atribuciones para nombrar y destituir a los ministros de estado, podría emitir vetos suspensivos a los acuerdos del Congreso y ejercer el derecho de patronato de la Iglesia Católica en Chile. Además, podría firmar tratados internacionales y declarar la guerra con previo acuerdo del Congreso. En el caso del poder legislativo, este estaría compuesto por un congreso bicameral, ya sea de diputados o senadores. Los diputados serían elegidos por voto directo a razón de uno por cada quince mil habitantes, permaneciendo dos años en el cargo. El Senado estaría compuesto por miembros electos por las asambleas provinciales a razón de dos senadores por provincia. Durarían en sus cargos cuatro años siendo destituidos por mitades. Cuando el congreso estuviese en receso funcionaría como una comisión permanente integrada por un senador de cada provincia. La formación de las leyes correspondería a la iniciativa de cualquiera de las dos cámaras o del propio Presidente de la República.

En el caso del poder judicial este radicaría en la Corte Suprema, en las cortes de apelación y en los juzgados de primera instancia. Los integrantes de la Corte Suprema serían cinco ministros y un fiscal designados por el Congreso en sesión conjunta de ambas cámaras. Los integrantes de las cortes de apelaciones serían designados por el Presidente a proposición de la Corte Suprema. La religión sería la católica, apostólica y romana con exclusión de cualquier otra alternativa confesional. En relación a la libertad de expresión, esta constitución la garantizaba en forma de libertad de prensa, libertad personal y derecho de propiedad y de petición. Esta constitución proclamó la isonomía y suprimió los mayorazgos, cosa que no se hizo efectiva hasta 1852. Las provincias conservarían sus asambleas con la capacidad de elegir a sus senadores, se nombrarían ternas para sus intendentes y la ley de votación se ampliaría hasta el punto que cualquier persona inscrita en las milicias tendría el derecho a sufragar. Al mirar los planteamientos de la Constitución Liberal, queda la idea de que fue una propuesta que buscaba proponer algo intermedio entre el liberalismo y el federalismo, pues las asambleas provinciales no fueron disueltas disminuyendo el poder presidencial. Finalmente, esta constitución fue terminada el 8 de agosto de 1828, siendo jurada el 18 de septiembre de 1828.

La Constitución Autoritaria de 1833

Esta fue una constitución que vino a legalizar la instalación de un régimen autoritario de gobierno cuyo principal responsable fue Diego Portales. El 25 de agosto de 1833, el equipo que trabajó en su propuesta entregó su borrador y el texto final fue promulgado el 25 de mayo. Portales sostuvo que había que contar con un poder ejecutivo fuerte e impersonal, contando el un jefe de gobierno con una autoridad política capaz de imponer el respeto total a la ley para evitar que el orden público se alterara. Los redactores del texto final fueron el liberal Manuel José Gandarillas y el conservador Mariano Egaña, quienes debieron acordar sus posiciones ideológicas para llevar a buen término la labor encomendada. La constitución contó con ciento sesenta y ocho artículos, todo ellos agrupados en doce capítulos. En su preámbulo se declaró que el régimen de gobierno sería popular representativo y que la soberanía residiría esencialmente en la nación, la cual delegaría su ejercicio en las autoridades que la Constitución establecía. Esta constitución permaneció vigente hasta el año el año 1925.

Capítulo 5
La República Conservadora 1831-1861

Los pelucones llegan al poder

La época conservadora, también conocida como República Autoritaria, se refiere al periodo comprendido entre los años 1831 y 1861, momento que fue encabezado por tres presidentes, quienes gobernaron diez años cada uno. Joaquín Prieto Vial (1831-1841), Manuel Bulnes (1841-1851) y Manuel Montt (1851-1861). Los conservadores, o pelucones, toda vez que se hicieron del poder se encargaron de establecer un régimen político tradicional y eminentemente aristocrático con una fuerte presencia de la Iglesia Católica como ente orientador de la sociedad. Amparados en la Constitución Política de 1833, los conservadores se preocuparon por fortalecer el aparato ejecutivo centralizando el ejercicio del poder y subordinando la libertad de las personas al orden. Esta época se caracterizó por la consolidación del republicanismo como expresión política, por grandes atribuciones presidenciales establecidas en la Constitución de 1833, por un interesante crecimiento económico e importantes desarrollos en la educación y en la vida cultural y también por notorios avances en obras públicas. Entre los principales antecedentes de este período se destaca la crítica formulada desde los grupos liberales sobre el estilo de gobernar, asociándoles a visiones sociales muy autoritarias. Además, en este momento Chile se enfrentó militarmente con Perú y Bolivia, conflicto que se conoce como la guerra contra la Confederación Perú-Boliviana. Estos gobiernos destacaron por ser férreos impulsores de mejoras en el plano educativo, creando instituciones académicas como la Universidad de Chile y la Escuela de Medicina, Farmacia y Obstetricia, germinando estas medidas en la llamada Generación de 1842, grupo que destacó por la creación de una sociedad literaria. Esta generación trató de demostrar que en Chile había un grupo de jóvenes que tenían valores intelectuales, al contrario de lo que pensaban sus contrapartes provenientes de otros lugares del mundo.

La economía brilló durante este período, principalmente porque aparecieron nuevos yacimientos mineros en el norte del país, como el mineral de plata de Chañarcillo, al cual se le agregaron La Descubridora (1832), el Checo Grande (1847) y Tres Puntas (1848). El descubrimiento de estos nuevos yacimientos permitió al Estado recaudar mayores recursos para invertir en el ámbito público y crear empresas estatales para canalizar estos dineros. En este momento se crearon entidades bancarias como el Banco Ossa y el Banco de Valparaíso. De todas formas, este *boom* económico comenzó a debilitarse a partir de 1855, básicamente por el agotamiento del mineral de Chañarcillo, la pérdida de los mercados de California y Australia y la excesiva competencia que evidenció el puerto de Valparaíso con otros puertos en la región.

Los liberales, en tanto, quedaron prácticamente marginados del escenario político local a causa de su pérdida de influencia y de la persecución política a la que se vieron enfrentados.

Gobierno de Joaquín Prieto Vial (1831-1841)

Joaquín Prieto nació en Concepción en 1786. Fue un militar que participó en las guerras por la independencia y tuvo como vicepresidente al empresario chileno Diego Portales, uno de los artífices de ubicar al orden y al autoritarismo en el centro de las decisiones conservadoras. Fue una personalidad contradictoria, polémica y muy compleja de llevar. Con un sentido práctico de la política, Portales condujo de manera exitosa las aspiraciones de la desorientada aristocracia pelucona. Si bien su figura fue clave para la vida presidencial de Prieto, su forma de pensar y su postura autoritaria le trajeron muchos enemigos que terminaron asesinándolo el 6 de junio de 1837.

La idea política de Prieto fue la de reestablecer la normalidad constitucional y lograr la conciliación política bajo el principio de la autoridad. En esta dirección, Portales fue uno de los artífices de las posturas autoritarias sobre la gestión del poder. Fue un político que apostó por aplicar mano dura dentro de la población, pues entendía que Chile no estaba preparado para avanzar hacia espacios de mayor desarrollo democrático, requiriendo entonces una figura fuerte para orientar sus destinos.

Gobierno de Manuel Bulnes (1841-1851)

Manuel Bulnes nació en Concepción en 1799 en el seno de una familia militar, por lo que que ese niño travieso siguió la tradición familiar e ingresó a las filas del ejército a la edad de doce años. Durante la guerra de la independencia participó en la reconquista del territorio contra los realistas, lo cual tuvo como consecuencia su arresto y destierro a la Isla Quiriquina (pequeña isla cerca de la ciudad de Concepción) junto a su hermano Francisco Bulnes. En abril de 1817 logró fugarse de la isla para sumarse al ejército patriota con el grado de alférez. Desarrolló una brillante carrera militar y participó prácticamente en todas las batallas por la independencia de Chile. En el año 1822, el gobierno de O´Higgins le entregó la Legión al Mérito de Chile y pasados los siete años ocupó el cargo de coronel. Además, fue un activo participante de la guerra contra la Confederación Perú-Boliviana. Los éxitos en esta guerra le valieron llegar como un héroe nacional tras el rotundo triunfo del ejército chileno en la batalla de Yungay (1839), cuestión que le valió perfilarse como candidato presidencial.

Su gobierno ha sido catalogado como uno de los mejores en la historia del país, pues logró conseguir la paz interna por vía de una ley de amnistía general para los perseguidos, procesados y desterrados por atentados contra el orden público. Dicha calma interna le significó a Bulnes llevar a cabo un gran progreso material e intelectual bastante importante para el país, ya que fue un impulsor de la contratación de intelectuales extranjeros, reconoció a Chile como país independiente de España y fue durante su gobierno cuando se fundó la Universidad de Chile.

Gobierno de Manuel Montt Torres (1851-1861)

Abogado y político del Partido Conservador y del Partido Nacional, se desempeñó como Presidente de la República entre el 18 de septiembre de 1851 y el 18 de septiembre de 1861. Tuvo una larga trayectoria política, destacando su papel como diputado entre 1840 y 1867, como Presidente de la Cámara de Diputados, como Presidente de la Corte Suprema y como ministro en los gobiernos de Joaquín Prieto y de Manuel Bulnes. En este gobierno ocupó los cargos de Ministro (S) de Hacienda, de Justicia, Culto e Instrucción Pública, Ministro de Interior y Relaciones Exteriores y Ministro (S) de Guerra y Marina. Fue el primer presidente civil en la historia política del país y asumió el mando en medio de un conflicto político conocido como Revolución de 1851. Para contener esta crisis política, el Congreso de la República le dio totales poderes al Presidente para que reestableciera el orden en el territorio, el cual incluyó deportaciones, fusilamientos y persecuciones. Esta revolución fue la última sublevación de las provincias contra el poder central ubicado en Santiago, no presentándose más momentos de levantamiento militar para derrocar el mandatario. El desenlace de la revolución de 1851 determinó que varios intelectuales cercanos a las ideas liberales prefiriesen el exilio antes de continuar sufriendo el amedrentamiento de los grupos conservadores, como fue el caso de José Victorino Lastarria, Santiago Arcos y los hermanos Francisco y Manuel Bilbao.

Entre las principales gestiones que desarrolló este gobierno se encuentran la creación del Observatorio Astronómico de la Provincia de Arauco, la colonización de la zona sur del país y el apoyo a las exploraciones científicas y levantamientos cartográficos. Además, inauguró el ferrocarril y el telégrafo de Valparaíso a Santiago y su extensión a Talca. Entre otras de las importantes obras de su gestión está la creación de la Caja de Crédito Hipotecario, la Ley de Bancos y el fin del diezmo y los mayorazgos, que acabó de una vez por todas con la inactividad de las tierras productivas. También redactó y promulgó el Código Civil y enfrentó la Guerra Civil de 1859, liderada por los liberales regionalistas. Luego de terminar su mandato, Montt fue nombrado Ministro Plenipotenciario en 1864 (Perú).

Revolución de 1851

La Revolución de 1851 fue una rebelión que buscó derrocar al gobierno de Manuel Montt y acabar con la Constitución de 1833. Entre las posibles causas de la revolución podemos encontrar en los ideales por una sociedad mejor, superar las restricciones impuestas por los conservadores a la sociedad del momento que, desde inicios de 1831, se había apoderado del aparato estatal. El sistema político impuesto por los conservadores se basó en un ideal autocrático, las restricciones a la participación y las limitaciones al sufragio de las personas, condición que obstaculizó que más individuos tuvieran la posibilidad de expresar su preferencia política. El diseño político de esta era se centró única y exclusivamente en la Constitución de 1833, la cual legalizó el régimen autoritario construido por los conservadores. Esta Constitución fue una idea de los pensadores Mariano Egaña y Manuel José Gandarillas y el 25 de agosto de 1832 se entregó un primer borrador para que un 25 de mayo se terminara de promulgar. Entre las principales ideas expresadas en la Constitución es posible destacar que el territorio de Chile se extiende desde Atacama hasta el Cabo de Hornos, el régimen de gobierno es popular, representativo y la soberanía reside esencialmente en la nación. Esta constitución definió que la religión oficial sería la católica, apostólica y romana, con exclusión del ejercicio público de cualquier otra. En relación al poder ejecutivo, este lo ejercería un ciudadano por espacio de cinco años, pudiendo ser reelecto en un período siguiente, cuya elección es indirecta y está a cargo de electores designados. En relación al poder legislativo este reside en un Congreso Bicameral, compuesto por un Senado y una Cámara de Diputados. El Senado se compondrá de veinte senadores elegidos por sus electores. La composición del Senado duraría nueve años renovándose por terceras partes.

Otra de las causas fue que la crisis económica de 1848, la cual afectó seriamente a la economía nacional, situación que reforzó el centralismo económico del país. Estas condiciones amplificaron el escenario de crisis del gobierno conservador y alentó las disputas por las elecciones de

1850, momento en que se enfrentaron política y militarmente liberales y conservadores. Las provincias no estuvieron de acuerdo con la candidatura centralista de Montt, y en la ciudad de Concepción se levantó la candidatura del General José María de la Cruz, de corriente liberal. Los enfrentamientos se comenzaron a dar cuando Montt fue nombrado presidente y De la Cruz, molesto con la situación, decidió marchar hacia la ciudad de Santiago, junto con los movimientos de tropas en la ciudad de La Serena y Concepción. Ahora bien, el levantamiento de estas regiones y de otras se explica por la participación de la oligarquía y de la pequeña burguesía liberal cansada por la pérdida de sus privilegios y por el activo apoyo de los sectores populares en la causa principal: la caía de Montt. En el fondo, este levantamiento tuvo una composición heterogénea y policlasista. Una de las ciudades que se transformó en uno de los pilares de la rebelión fue Coquimbo, ciudad que el 7 de septiembre de 1851 experimentó la destitución de su intendente, Juan Melgarejo. Al lado de Coquimbo, en la ciudad de La Serena, de tradición pipiola, se desarrolló un movimiento de tipo popular en contra de Montt, movimiento que contó con el Consejo del Pueblo y un himno conocido como *La Igualdad*. Al comprobarse el alto costo en vidas humanas que tuvo la revolución más lo desmoralizado que estaba el bando sublevado, las deserciones no se dejaron esperar, sobre todo en la oficialidad, por lo que el día 10 de diciembre se comenzó a organizar la retirada del campo de batalla y al no quedar municiones ni batallones para sostener la rebelión, el día 16 de diciembre se puso fin a la guerra, la cual fue ratificada por De la Cruz y el General Bulnes.

La figura de Diego Portales

Tal como se explicó en páginas anteriores, el período autoritario estuvo marcado por el rigor en la política, las medidas de persecución en contra de los adversarios políticos de tinte liberal y las disputas por el control del poder. La figura de Diego Portales se instala como el gran referente del momento, quien se encargó de ordenar políticamente al país y sofocar algunos focos de resistencia. Pero a pesar de todas estas presiones políticas hechas por Portales, un grupo de pelucones no estaba de acuerdo con las medidas aplicadas en contra de los pipiolos, cuestión que significó algunas diferencias entre los integrantes del grupo conservador. Otras de las situaciones que ayudaron a que al interior del sector conservador se provocaran críticas a la conducción política conservadora está la extrema cercanía del poder con el clero y la influencia de este en los asuntos civiles. Ambas situaciones, la persecución a los liberales y la injerencia de la Iglesia Católica en temas civiles, resintieron la relación dentro del Partido Conservador. El efecto político de esta situación fue la división producida al interior del partido conservador, apareciendo figuras definidas en este grupo moderado, el cual estuvo integrado por Manuel José Gandarillas, Diego José Benavente y Manuel Rengifo quien de manera accidental se convierte en el caudillo de este grupo. Estas figuras conservadoras se hicieron llamar "Philopolita" (amigos del pueblo). El grupo antagónico a Gandarillas, Benavente y Rengifo estuvo liderado por Joaquín Tocornal, un fiel católico y cercano a las posturas de Portales. Comprendiendo que estas situaciones dañaron las relaciones al interior del grupo conservador, Portales se sintió responsable de lo ocurrido en el mapa político y buscó por todos los medios el unir al partido y evitar que las críticas que los moderados hicieron a las acciones políticas del gobierno fortalecieran al Partido Liberal.

Al comprender Portales la magnitud de lo que podría ocurrir con la división dentro del Partido Conservador, optó por integrarse de lleno en la gestión del gobierno y actuó para bloquear las aspiraciones de los moderados e imponer una postura autoritaria en el gobierno de Prieto. Su posición autoritaria implicó que se hablara de un "orden portaliano" o de la "dictadura civil" de Diego Portales, ya que fue un fanático impulsor de medidas represivas contra la delincuencia y la coerción frente a sus enemigos políticos. Para conseguir sus objetivos inmediatos, Portales estableció una alianza estratégica para obtener el favor y el apoyo de los sectores aristocráticos y los grupos más poderosos de la Iglesia Católica para de esta forma conducir su forma de gestión política, además de bloquear políticamente a sus adversarios. El problema de esta forma de acción política fue la coordinación de grupos políticos molestos con el rumbo asumido por los grupos conservadores, incubándose un malestar bien profundo que dio forma a la guerra civil de 1859.

Las condiciones económicas en el Chile Colonial

El desarrollo económico fue prácticamente muy similar a antiguos momentos, con algunos vaivenes que ralentizaron su avance. El empréstito solicitado a Gran Bretaña para paliar en parte el complejo escenario económico, no resolvió la falta de dinero para pagar los sueldos de los funcionarios públicos, ni menos el arriendo del estanco del tabaco a la Compañía Portales, Cea y Cía. Un factor que contribuyó a que esto no fuera una buena solución a la crisis económica fue el crecimiento del contrabando en las principales zonas del país. La necesidad de que el estado contara con una mayor liquidez, implicó que el gobierno impulsara que los bienes del clero regular se pusieran a la venta. Esta medida de confiscación de los bienes eclesiásticos formó parte de una profunda reforma a las órdenes religiosas, situación que gatilló que se tensionaran las relaciones entre la Iglesia y el estado. Fue tal el empeoramiento de las relaciones entre estado e Iglesia que Juan Muzzi, enviado directo del Vaticano al territorio chileno a misionar y mejorar las relaciones ambas partes, salió anticipadamente del país al no conseguir una conciliación estatal. Justo con esto, el Estado destituyó del cargo de obispo a Rodríguez Zorrila por ser considerado anti revolucionario y anti independentista. Tales acontecimientos terminaron por congelar las relaciones entre Chile y el Vaticano.

La agricultura de esos años no estuvo ajena a los vaivenes de la economía nacional y menos aún a la crisis que afectaba al país. Un punto que ayudó a que la agricultura se resintiera preocupantemente fueron las batallas por la independencia y las posteriores disputas entre los pipiolos y los pelucones. Los campos y sus cosechas sufrieron importantes daños que se prolongaron por varios meses, además que el mercado del Perú cerró sus fronteras para el envío de los productos cosechados en Chile. Otro punto que afectó a la agricultura estuvo relacionado con la tenencia de la tierra. Al existir el mayorazgo esta condición de concentración de tierras provocó que la rentabilidad de estas fuera más bien escasa, pues impedía que esta pudiera ser subdividida.

En el caso de la minería, esta tuvo un mejor comportamiento que las cosechas, básicamente porque su producción estaba lejos de los lugares de enfrentamiento militar y porque el estado se preocupó de que los centros de explotación no se quedaran sin mano de obra. La plata y el cobre eran esenciales para el desarrollo económico de Chile, situación que se vio amplificada por el descubrimiento del mineral de Arqueros, el cual hizo bastante ricos a muchos habitantes de la ciudad de La Serena. A pesar de la preocupación del estado por proteger y blindar el desarrollo de la economía, esta igual se vio afectada por la crisis, pues con el cierre de los mercados, el azogue para su elaboración y tratamiento estuvo escaso, bajando la importancia de este recurso, pues Perú cerró sus puertos cuando se declaró como nación independiente, decisión que afectó a la minería chilena.

Guerra Civil de 1859

La molestia sobre el marco regulatorio impuesto en la Constitución de 1833, la agudización del autoritarismo en los gobiernos conservadores, el excesivo centralismo adoptado por el país, la crisis económica que experimentó Chile y la importancia adquirida por Portales, la unión de sectores conservadores y liberales contra el actuar de los pelucones, fueron parte sustantiva de las razones que explican la Guerra Civil de 1859.

La oposición formada por liberales y también conservadores cuestionó severamente la legitimidad de la Constitución de 1833, tanto en su origen como en su ejercicio político. En relación al origen, el argumento base fue que esta Constitución surgió a la luz de un proceso coercitivo que se selló en la Batalla de Lircay de 1830. Empero en la justificación del ejercicio, los antagonistas sostuvieron que la institucionalidad vigente le otorgó prácticas políticas autoritarias al poder ejecutivo, fundamentalmente por la facilidad que daba al Presidente para ejercer facultades extraordinarias. La guerra surgió en varias ciudades del país, siendo aplastada en gran parte de ellas, con la excepción de una ciudad minera del norte de Chile, Copiapó, lugar que acogió a Pedro León Gallo, quien lideró los enfrentamientos. Ya en 1851, Chile había vivido un proceso de levantamiento político contra las autoridades, cuestión que estuvo lejos de acabarse y que se convirtió en una crisis que volvió a aparecer en 1859. Lejos de terminar con las posiciones liberales, lo de 1851 sirvió como referente también para los sucesos de 1859, comprendiendo que en esos años los liberales que se habían ido al exilio ya habían retornado al país. Estos liberales se unieron con algunos conservadores para presionar por cambios en el país, dando forma a la fusión liberal-conservadora que incomodó mucho al sector gobernante. La aplicación del estado de sitio como una herramienta política usada frecuentemente por todos los gobiernos de la época fueron objeto de crítica opositora y eso le valió a a Montt ser catalogado de tirano y dictador. En este grupo de opositores hubo un sector que dio forma y organización a un nuevo partido político, el Partido Radical, quienes se aglutinaron en el Club de la Unión y crearon un periódico llamado *Asamblea Constituyente,* espacio donde solicitaron cambios a la Constitución, avanzar hacia una sociedad mucho más progresista alejada de condiciones autoritarias y totalmente abierta a ofrecer una educación para todos los sectores postergados y la creación de una sociedad totalmente laica.

Recordemos que desde 1830 Copiapó y Coquimbo se convirtieron en zonas mineras fundamentales para las aspiraciones de crecimiento y desarrollo de Chile, quedando vinculada esta actividad con el devenir histórico de sus provincias. Este *boom* minero ayudó a que las élites locales con ansias de poder se inmiscuyeran seriamente en las actividades políticas del momento, formándose en ellas también logias masónicas, tal como estaba ocurriendo en todo Chile. Justamente en este grupo estaba la figura de Pedro León Gallo, integrante de una de las familias más ricas de Copiapó y de Chile, quienes no solo fueron dueños de posesiones mineras, sino que también financistas del ferrocarril que unía las ciudades de Copiapó y Caldera, además de ser dueños de terrenos en la zona central del país. Los hermanos mayores de Pedro León Gallo, Ángel Custodio y Tomás fueron parlamentarios opositores en Santiago de Chile, mientras que Pedro llegó a ser regidor en su ciudad, lo que hoy se puede entender con la figura política de concejal. Desde ese cargo político esta novel figura comenzó a destacar, a alcanzar notoriedad pública y presentar sus quejas por el actuar autoritario de algunas personalidades políticas. Por ejemplo, en 1858 el intendente José María Silva Chávez dio la orden de azotar a dos soldados de la guardia nacional por probable desacato, cuestión que molestó de sobremanera a Pedro León Gallo, quien lo encaró públicamente antes los ciudadanos, situación que significó que fuera destituido de su cargo por orden del intendente. Conocida la decisión la molestia e indignación de la élite local y de algunos amigos en Santiago no se dejó esperar, comenzando a aumentar la rabia en contra del actuar autoritario de los representantes del mundo conservador. El azote de dos soldados fue un acto que se sumó a muchos otros que germinaron en el descontento de una población agotada de comportamientos tiránicos y que comenzó a pensar en el levantamiento como vía de liberación política. En medio de todo esto, llegaron noticias del arresto de algunos integrantes de la Asamblea Constituyente, detención que hizo acelerar la opción de caída del gobierno local. La noche del 5 de enero de 1859 ocurrió la insurrección y el ascenso al cargo de Pedro León Gallo como intendente. La Revolución Constituyente comenzaba su travesía.

El 6 de enero 1859, la ciudad norteña de Copiapó comenzó a desarrollar un alzamiento contra el gobierno central y sus decisiones políticas, levantamiento impulsado por el empresario minero Pedro León Gallo y apoyado por los hermanos Guillermo y Manuel Antonio Matta. Pedro León Gallo, en su calidad de intendente, ordenó abrir las maestranzas y trabajar rápidamente en la generación material militar para la asonada rebelde. Se construyeron carros blindados, el ejército constituyente movilizó más de millar y medio de hombres, emitieron moneda propia (el peso constituyente) y realizaron una incipiente industria armamentista. En los edificios de la ciudad también operó un cambio simbólico a las imágenes del poder, pues los rebeldes reemplazaron la Bandera Nacional por una enseña propia (azul con estrella dorada en el centro) y crearon también un nuevo himno, la *Canción Popular Constituyente,* escrita por Guillermo Matta. Pero no todo fue obra y causa de la élite local, ya que también participaron pequeños y medianos propietarios mineros y una no menor cantidad de artesanos (trabajadores por cuenta propia) y obreros cualificados del ámbito minero. Estos grupos tuvieron un rol central en la rebelión, pues se convirtieron en un apoyo fundamental para los avances rebeldes en la zona y en el enfrentamiento directo con las tropas enviadas por el gobierno. Si bien, en un comienzo, el gobierno de Montt pensó que el levantamiento no era materia de preocupación central, con el paso de las semanas su opinión fue modificándose, ya que también se produjeron levantamientos en otras zonas del país, como Aconcagua, Talca y Colchagua. Aprovechando que el gobierno debió sofocar estos levantamientos, León Gallo decidió avanzar hacia la ciudad de Coquimbo, llegando un 10 de marzo a la ciudad de la Higuera y el día 14 de marzo se enfrentó al ejército en la Batalla de los Loros, a los pies del cerro Brillador. En esa batalla los rebeldes se enfrentaron al Coronel José María Silva Chávez (el ex intendente) saliendo victoriosos de ese enfrentamiento, lo que significó que al día siguiente el ejército constituyente entró victorioso a la ciudad de La Serena. Si bien en un comienzo la fusión liberal-conservadora acompañó el proceso político de Copiapó, el triunfo de Pedro Gallo en la Batalla de los Loros y el avance victorioso hacia Santiago empujó a que aparecieran críticas a sus reales intenciones, sobre todo porque el movimiento liderado por Pedro Gallo era abiertamente anticlerical. Esta posición, más la idea de transformar las actuales bases políticas ahuyentaron a varios integrantes de la fusión, al punto de que llegaron a catalogarla como como más radical que Montt.

Tras el triunfo, León Gallo fue recibido prácticamente como un héroe y casi como un libertador, al punto que el ejército constituyente decidió avanzar hacia las ciudades de Illapel y Ovalle. Sin embargo, el gran problema que tuvo el movimiento es que no consiguió tener mayor armamento para hacer frente a las próximas batallas, aun cuando consiguió una buena cantidad de personas para engrosar sus filas militares. A pesar de todo lo conseguido por León Gallo, hubo un grupo de liberales que tomaron distancia de sus postulados, no solo por causa de su condición de forastero, sino que también por su excesivo personalismo. El 29 de abril el ejército del gobierno de Montt, comandado por Juan Vidaurre, se enfrentó al ejército constituyente en el Cerro Grande, con la clara convicción de conseguir el triunfo y aplastar a los rebeldes. Además de sumar un nuevo contingente contra Pedro León Gallo, Vidaurre encargó la misión de sobornar a los oficiales Salvador Urrutia y Manuel Vallejos para que cumplieran la misión de sabotear la munición de los constituyentes. Pedro León Gallo, herido, huyó a la ciudad de San Juan, Argentina, y el gobierno logró sofocar por completo la rebelión, acusó a los rebeldes como desestabilizadores y los terminó sentenciando por insubordinación. Montt condenó a muerte a varios de ellos, aunque la mayoría de los acusados logró escapar del país (Matta y Vicuña Mackenna). Con la llegada de Joaquín Pérez se logró cierta amnistía y desde ese momento las disputas políticas se trasladaron al plano institucional.

Capítulo 6
La República Liberal 1861-1891

Expansión territorial y económica

Una vez concluida la organización de la República, reafirmado el poder de la burguesía local, establecida una nueva cultura política y social y mejorados los aspectos económicos más débiles del período conservador, Chile entró en un momento de relevancia política y económica, la cual se conoce como "Época de Expansión". Este término no puede relacionarse única y exclusivamente con cuestiones de tipo territorial, sino que es una época de la historia caracterizada por un apogeo en varias dimensiones, aun cuando los problemas sociales tendieron a amplificarse. Desde un punto de vista económico se consolidó el sistema financiero y la expansión del circulante, la diversificación de la minería, la incorporación de nuevos terrenos de cultivo agrícolas, todo bajo el escenario de la inclusión de Chile a la economía global. Las economías centrales solicitaron a las economías periféricas materias primas y el uso de sus mercados para ubicar sus productos manufacturados. En el plano territorial, Chile desarrolló una política de incorporación de territorios así como de penetración social, militar y cultural en la Araucanía. También se llevó a cabo un proceso de reajuste de las fronteras externas, las cuales se ampliaron luego de la Guerra del Pacífico y los posteriores tratados para zanjar las disputas territoriales con los países vecinos. En materia socio-cultural, los cambios que se dieron en el plano económico despojaron a la sociedad de su característica agraria-paternalista y se aplicaron cambios de tipo urbano y con fuerte enfoque capitalista. El tradicional hacendado con perspectiva aristocrática perdió influencia y posición político social frente al empresario minero (plutocracia), pero a fines del siglo XIX se fusionaron y dieron forma a una fuerte oligarquía chilena. Las capas medias tuvieron un importante crecimiento por influjo de la burocracia privada y por el mundo estatal, sobre todo por la ampliación de la educación pública y su mayor acceso a ella. En el caso del proletariado, este grupo también experimentó un proceso de crecimiento a causa de la buena marcha que tuvo el mundo minero, el salitre y la industria pesquera.

Desde un punto de vista político, se asiste a un importante debilitamiento del poder ejecutivo, destacando el papel de los liberales, grupo político que trabajó incansablemente por disminuir el poder del presidente y traspasarlo al parlamento, ampliar las libertades personales jibarizadas durante la época conservadora y por concretar cambios constitucionales bien significativos. Una de las organizaciones que lidió con los nuevos cambios propuestos por los liberales fue la Iglesia Católica, considerada como una entidad extremadamente conservadora. Los liberales se encargaron de restarle injerencia política, cultural y social a través de la creación de las llamadas Leyes Laicas. Si bien se ha insistido en que las famosas Leyes Laicas fue un proceso prácticamente exclusivo de este período, conviene precisar que la discusión sobre la laicización del estado chileno y de la sociedad fue un debate iniciado aproximadamente en 1850. O sea, desde la creación del Partido Conservador y la fusión liberal-conservadora que tanto civiles como eclesiásticos tuvieron serias diferencias sobre las libertades de las personas, el rol de la Constitución de 1833 y la preponderancia asumida por la figura presidencial. Por tanto, la tensión política que se dio con la Iglesia Católica fue una acumulación de años de disputas ideológicas y de concepción de la sociedad.

El Partido Conservador comenzó a debilitarse y su reemplazo fue el Partido Liberal, que alcanzó un protagonismo mayor en el escenario político local por un espacio de treinta años. Este partido adscrito a las ideas del liberalismo aspiró a construir una sociedad liberal y democrática, por lo que abogó por la profundización de los derechos políticos y en las ventajas de contar con un parlamento más fuerte y una figura presidencial. Como eran partidarios de mayores libertades sociales, los liberales se enfrentaron a todas las instituciones u organizaciones que fueran contarios a sus ideas, sobre todo porque las acciones autoritarias del régimen conservador aún tenían una cuota de raigambre político y social. Por lo mismo, los derechos del hombre fueron los principios que guiaban a este partido, más posiciones laicas y anticlericales. En ese período hubo cuatro gobiernos como el de José Joaquín Pérez (1861-1871), Federico Errázuriz Zañartu (1871-1876), Aníbal Pinto (1876-1881), Domingo Santa María (1881-1886) y José Manuel Balmaceda (1886-1891).

El gobierno de José Joaquín Pérez (1861-1871)

El 18 de septiembre de 1861, José Joaquín Pérez, fue fue elegido Presidente de la República, su gobierno suele ser considerado de transición, pues se pasó desde un régimen conservador a una oligarquía liberal. Es recordado como un gobierno conciliador y de unidad nacional, por lo que desde un inicio recibió el apoyo de todos los sectores políticos, los cuales fueron incorporados al gabinete ministerial. Una de sus primeras medidas políticas fue la promulgación de una ley de amnistía en beneficio de todos los perseguidos por razones políticas. Su gobierno debió enfrentar el incendio de la Iglesia de la Compañía de Jesús, que dejó más de dos mil muertos y que afectó a uno de los lugares más emblemáticos de la ciudad de Santiago. También su gobierno comenzó con la ocupación de la Araucanía, territorio donde vivían un importante grupo de indígenas llamados Mapuche. Esta ocupación se convirtió en una práctica sistemática del Estado contra el Pueblo Mapuche. Aunque fue un gobierno de unidad nacional, su gestión no estuvo exenta de conflictos políticos internos, los cuales mermaron su popularidad y su capacidad de liderazgo. El Partido Nacional, partido en el cual militaba, se alejó del gobierno y se acopló a un grupo de liberales que también se distanciaron de su gestión. La razón principal fue que le exigieron al mandatario reformas constitucionales inmediatas, sobre todo porque eran propuestas fundamentales para el Partido Liberal y para su propio electorado. Este grupo de liberales se desmarcaron del presidente y crearon un sector más radical, el cual dio forma a un nuevo partido: el Partido Radical. Entre sus fundadores estuvieron los hermanos Gallo y los hermanos Matta. Los radicales no concibieron de forma positiva esa fusión liberal-conservadora, la cual interpretaron como un gran problema para emprender reformas audaces y profundas, enfatizando las ideas de igualdad, democracia y parlamentarismo. Además, se distinguieron como convencidos anticlericales y como defensores del estado docente. Sus integrantes eran hacendados del sur de Chile y mineros del norte del país. Al margen de todo este problema político interno, uno de los grandes inconvenientes que enfrentó el gobierno de Pérez fue la Guerra contra España (1865-1866), un conflicto que se desató en el Perú, pero que tuvo a Chile como un aliado de los peruanos. Joaquín Pérez terminó entregando su mandato a Federico Errázuriz.

La Guerra contra España (1865-1866)

En 1865 Chile y España no tenían ningún problema político entre ellos, hasta que un hecho puntual ocurrido en Perú tensionó las relaciones con la antigua metrópoli. La guerra estalló por causa de un hacendado peruano que se enfrentó a algunos colonos españoles de su plantación, llamada Talambo. Estos se defendieron con armas ante los sucesivos maltratos del terrateniente. Ante lo ocurrido, el gobierno peruano liderado por el general Pezet, intentó por todos los medios posibles buscar una salida diplomática al conflicto político desatado, sobre todo porque enfrascarse en un conflicto militar con España resultaría oneroso y no contaba con los recursos militares para defender el país. Comprendiendo las dificultades políticas de los sucesos de Talambo, el general Pezet envió a Europa a varias comisiones para adquirir armamento y naves modernas ante la perspectiva de un posible conflicto. Además sumó artillería de defensa de costa de gran calibre, buques blindados para hacer frente a cualquier escuadra y algunas corbetas para atacar las líneas de comunicaciones marítimas y la retaguardia enemiga.

A pesar de las noticias, la justicia peruana tomó el caso y falló a favor del hacendado. Como respuesta a esta situación, una expedición española que zarpó de Cádiz en agosto de 1860 liderada por el general Pinzón, llegó a las costas del Mar Pacífico en 1862 y se apoderó de la isla Chincha en 1864, una isla que producía guano, el recurso estrella del Perú. Chile siguió empapado del ideal americanista y al coincidir todo este problema con la ocupación española de México y de Santo Domingo, Chile se solidarizó con Perú, pues consideró que esa ocupación fue una agresión colonialista a la independencia de la región. Como forma de presión y de apoyo al Perú, Chile le negó a los buques españoles el abastecimiento de carbón y lo declaró como contrabando de guerra para impedir su distribución. Sin embargo, esta decisión solo operó con el buque español, pues los barcos peruanos sí pudieron conseguir el carbón. Para poder solucionar el conflicto, el gobierno de Chile y el representante español en el territorio firmaron un acuerdo de colaboración, pero este fue desconocido en Madrid. El representante español dio un ultimátum a Chile y le exigió que le compensara por las ofensas sufridas, bajo la amenaza de destruir el puerto chileno de Valparaíso y los sectores carboníferos. El Estado de Chile no aceptó la presión sufrida por España y le declaró la guerra un 24 de septiembre de 1865, no sin antes de tomar una serie de acciones para armar una escuadra que se enfrentara a su contraparte española. Para cumplir los fines, Chile consiguió el apoyo del Perú para enfrentarse al barco español, pero la escuadra peruana no pudo apoyar inmediatamente a la chilena, pues estaba preocupada por resolver sus conflictos internos. Tal conflicto se suscitó dado que Perú había firmado una especie de paz con con el almirante español José Manuel Pareja el 27 de enero de 1865, tratado que no fue bien recogido por un grupo de militares españoles. Al divulgarse la noticia de este acuerdo, la opinión pública peruana repudió los términos de la negociación y el 28 de febrero de 1865 estalló en Arequipa un levantamiento contra el gobierno central encabezada por el Coronel Mariano Ignacio Prado, quien se pronunció en contra de lo acordado por el Perú, derrocó al gobierno de turno y se hizo del poder en noviembre de 1865.

Volviendo a Chile, como este país no tenía una flota de combate importante en el mes de diciembre, firmó un acuerdo de apoyo mutuo con el Perú para hacer frente a la ofensiva española. Aprovechando que las alianzas estaban conformadas, el Perú optó por declararle la guerra a España el 14 de enero de 1866, pero como estaban construyendo blindados (Huáscar e Independencia) para el desafío militar, Perú determinó enviar unas cuatro naves al sur de Chile, lugar donde deberían aguardar el arribo de nuevos blindados y atacar de forma conjunta. La tarde del 7 de febrero de 1866 se produjo un importante primer enfrentamiento con España conocido como el combate de Abtao, momento en el cual las escuadras españolas hallaron a las escuadras aliadas frente a la isla Abtao. Ante la ausencia de su comandante general, el capitán de navío chileno Juan Williams Rebolledo, el mando lo había asumido el capitán de navío peruano Manuel Villar. Villar ubicó a los buques que estaban bajo su mando en una posición totalmente ofensiva en forma de columna, con el objeto de cubrir dos entradas del canal de Challahue, para evitar cualquier opción de romper la línea a manos del enemigo. Esta posición estratégica significó que la escuadra española habría de atacar a gran distancia, ya que la forma de la escuadra podía correr el riesgo de encallar. Siendo las 15:30, se inició la batalla cuando la escuadra peruana Apurímac abrió los fuegos contra la armada española, siendo respondido el ataque por la Blanca. El bombardeo se intensificó por ambas partes, siendo los tiros de mayor alcance los hechos por las corbetas peruanas América y Unión, manteniendo la estrategia de la distancia para evitar que la respuesta española tuviera efectos. "De los aproximadamente dos mil tiros disparados, la escuadra aliada recibió catorce impactos y la escuadra española treinta. Durante las acciones, la posición adoptada por la escuadra aliada demostró ser adecuada, puesto que al haberse ubicado en un canal de aguas poco profundas, limitó el accionar de las naves españolas, que no pudieron aprovechar su mayor capacidad artillera. Al caer la tarde, y teniendo en consideración lo infructuoso del ataque, la división naval enemiga optó por abandonar la lucha sin haber logrado sus objetivos, mientras que la Escuadra Aliada se mantuvo incólume con lo que Abtao se constituyó una victoria estratégica"[7].

El gobierno de Federico Errázuriz Zañartu (1871-1876)

Destacado abogado y activo militante del Partido Liberal, nació en la ciudad de Santiago un 25 de abril de 1825 y perteneció a una de las familias más acomodadas y de fuerte influencia política nacional. Fue hijo de Francisco Javier De Errázuriz Aldunate, quien fuera diputado, senador y participante de la Independencia de Chile. Su madre fue Josefa Zañartu Mando de Velasco. Federico Errázuriz se casó con Eulogia Echarurren García-Huidobro el 24 de agosto de 1848 y tuvieron tres hijos. Uno de ellos también fue Presidente de la República, Federico Errázuriz Echaurren (1896-1901). Sus estudios los realizó en el Seminario Conciliar de Santiago, en el Instituto Nacional y en la Universidad de Chile, donde se graduó de abogado el 29 de septiembre de 1846 con su tesis sobre la estabilidad de las leyes. Fue nombrado integrante de la Facultad de Leyes en 1847 y de la Facultad de Teología en 1848. En 1849 se inició en la vida pública como uno de los impulsores del Club de la Reforma, siendo también un importante integrante de la Sociedad de la Igualdad,

---

7. Para mayor información de estos enfrentamientos armados, consultar el siguiente sitio: https://www.marina.mil.pe/es/cultura/efemerides/2/?acont=combate-naval-de-abtao.

organizaciones que se encargaron de darle difusión a las ideas liberales pregonadas por su persona. Tuvo una importante participación en la Guerra Civil de 1851 contra el gobierno de Montt. Como su bando sufrió la derrota en ese momento, se desterró en el Perú luego de haber estado un tiempo detenido. Al volver a Chile retomó su función política y volvió a trabajar en sus faenas agrícolas. Durante la administración de José Joaquín Pérez Mascavano ocupó el cargo de Intendente de la Provincia de Santiago, Ministro, subrogante y titular, de Guerra y Marina, Ministro de Justicia, Culto e Instrucción Pública y Ministro del Interior y Relaciones Exteriores Subrogante. Entre sus obras materiales más destacadas estuvieron la extensión del ferrocarril al sur, siendo primero el destino de Chillán y luego a Talcahuano, ampliándose a Angol. Remodeló la ciudad de Santiago bajo la influencia de Benjamín Vicuña Mackenna (Intendente de la época). Hizo del Cerro Huelén y del Parque Cousiño un punto de paseo público y de reunión familiar, modernizó las plazas públicas y puso en funcionamiento los tranvías urbanos. Creó los hospitales de El Salvador y San Vicente, y apoyó la construcción del malecón de Valparaíso y la Quinta Normal de Agricultura. Su administración también fue responsable de construir el Congreso Nacional de Santiago y el Teatro Municipal. En el plano cultural, se dieron importantes luchas por la libertad de enseñanza, destacándose la libertad para rendir exámenes en los respectivos establecimientos. Esto se formuló por vía de un decreto presidencial el 15 de enero de 1872. Entregó su mando a Aníbal Pinto Garmendia el 18 de septiembre de 1876.

El gobierno de Aníbal Pinto Garmendia (1876-1881)

Este presidente nació en la ciudad de Santiago el 15 de marzo de 1825. Fue hijo del General y ex Presidente de la República Francisco Antonio Pinto Díaz y de Luisa de Garmendia y Aldunate, oriunda de Tucumán, Argentina.

Para ser presidente contó con el apoyo de la Alianza Liberal, integrantes del Partido Radical y de otras formaciones políticas de esos años. Hizo sus estudios en el Colegio Argentino de Santiago y luego en el Instituto Nacional, donde concluyó su formación de bachiller. Trabajó como traductor, pues dominaba el latín, el francés, el inglés y el italiano. Cumplió labores en la intendencia de la ciudad de Concepción (1862-1867), espacio desde el cual impulsó obras públicas y dejó saneadas las finanzas públicas. Fue un activo promotor de la creación de hospitales, cárceles, escuelas y telégrafos, el mejoramiento del servicio del matadero, cuarteles, correos y demás oficinas de su dependencia. El 18 de septiembre de 1871, fue nombrado ministro de Guerra y Marina en el gobierno de Federico Errázuriz Zañartu, cargo que ocupó hasta el día 28 de septiembre de 1871. El 18 de septiembre de 1876 asumió el cargo de Presidente de la República, impulsando una serie de cambios bien importantes para el país. Por ejemplo, reformó la Constitución de 1833e inició el estudio de la Ley de Cementerios Laicos e introdujo importantes cambios a la Ley de Elecciones y Municipalidades. Desde un punto de vista educacional, el gobierno autorizó el acceso a la mujer a cursar estudios universitarios, medida que formalizó en 1877 a través de un decreto que se le conoció como el decreto Amunátegui, en honor a su principal gestor, Miguel Luis Amunátegui Aldunate, en ese entonces Ministro de Educación.

En el año 1873 el mundo entró en una severa crisis económica que tres años más tarde afectaría gravemente la economía nacional. A ese difícil escenario económico se sumó un mal año agrícola, un clima de alta especulación y de una errática conducción financiera. Este escenario de contracción económica gatilló un déficit en la balanza de pagos, que hizo que el factor económico se convirtiera en un tema crucial para su administración. Para intentar resolver los problemas económicos, Pinto propuso una Ley General de Impuesto a la Renta, iniciativa que la Cámara de Diputados terminó por rechazar, dejando su administración sin ningún tipio de financiamiento. Como resultado de esto, el circulante comenzó a escasear y el comercio debió para sus compromisos económicos en oro y plata. Como efecto de toda esta situación los bienes raíces y los títulos de crédito del Estado se depreciaron. Esto redundó en que los bancos no pudieron convertir sus billetes en moneda, por lo que el gobierno salió en su ayuda y dictó la ley de Inconvertibilidad de los Billetes de Banco en 1878. A todo este cuadro económico regresivo se le sumó la crisis geopolítica con Perú y Bolivia, que significó un enfrentamiento militar en 1879 conocida como la Guerra del Pacífico (1879-1884). En 1878 el gobierno de Bolivia encabezado por el general Hilarión Daza fue conminado por el presidente del Perú, Manuel Prado, a imponer nuevos impuestos a la Compañía Chilena de

Salitre y Ferrocarril de Antofagasta. Fue así como el 14 de febrero de 1878 la Asamblea Nacional de Bolivia acordó imponer una contribución de diez centavos por quintal métrico a las exportaciones de salitre a la empresa chilena. Las autoridades chilenas y los accionistas de la compañía reaccionaron con molestia por la medida, pues a su juicio este gravamen contradecía el Tratado Limítrofe de 1874, en el cual se estableció que en territorio boliviano las personas, industrias y capitales chilenos no quedarían sujetos a más contribuciones a las que al presente existen por un espacio de tiempo de veinticinco años. Usando este argumento jurídico, el gerente de la compañía, George Hicks, se opuso a cancelar tal impuesto, presentó sus descargos al gobierno boliviano y pidió la intervención de Chile en el conflicto. El gobierno chileno actuó inmediatamente y en abril de 1878, el ministro plenipotenciario en la Paz (Bolivia), Pedro Nolasco Videla, logró la suspensión temporal de la ley. Sin embargo, el 8 de noviembre el ministro de Relaciones Exteriores de Chile, Alejandro Fierro, entregó una nota al gobierno boliviano en la que manifestaba que el proceder de Bolivia podía conducir a la derogación total del Tratado de 1874. Hicks por su parte, no tuvo intención alguna de poder generar espacios de diálogo y él junto a otros miembros de la compañía generaron un poderoso grupo de presión que actuó en el congreso, en los diarios y en el propio gobierno.

Por otra parte, el Ministro de Relaciones Exteriores de Bolivia, Martín Lanza, comunicó en diciembre de 1878, que su gobierno había ordenado oficialmente hacer cumplir el nuevo impuesto, pero Hicks volvió a negarse a pagar la solicitud hecha por Bolivia. Ante esta negativa, el prefecto de Cobija, ordenó la confiscación de los bienes de la Compañía y el inmediato arresto de Hicks el día 14 de febrero de 1879. Dos días antes de esta determinación del gobierno boliviano, desembarcaron en Antofagasta el Blanco Encalada, a cargo de coronel Emilio Sotomayor. Para ganar tiempo, Perú envío a su plenipotenciario a Chile para intentar mediar en el conflicto, pero entretanto Bolivia le declaró la guerra a Chile. A fines de marzo se hizo público la alianza secreta entre Bolivia y Perú, lo que llevó a que Chile le declarara la guerra a ambos países el 5 de abril de 1879, fecha en la cual se dio el inicio formal a este conflicto bélico.

El gobierno de Domingo Santa María (1881-1886)

Domingo Santa María nació en Santiago de Chile el 4 de agosto de 1824. Fue hijo de Luis José Santa María y González Blanco y Ana Josefa González y Morandé. Realizó sus estudios en el Instituto Nacional y en el mismo centro de educación realizó el Curso de Leyes. Se graduó en Derecho en la Universidad de Chile, jurando como abogado el 15 de enero de 1847. Se desempeñó como profesor de Geografía, Historia y Aritmética en el Instituto Nacional y también fue Decano de la Facultad de Filosofía y Humanidades y miembro de la Facultad de Leyes y Ciencias Políticas de la Universidad de Chile. En 1846 ingresó al Ministerio de Justicia, Culto e Instrucción Pública como jefe de sección y en 1848 fue nombrado intendente de Colchagua por el por ese entonces Ministro del Interior Manuel Camilo Vial. Apoyó a los rebeldes en la Guerra Civil de 1851, aunque sin tener una participación directa, pero de todas formas fue perseguido por el presidente Manuel Montt, debiendo exiliarse en Perú. A pesar de ese crítico momento también apoyó a lo rebeldes en a Guerra Civil de 1859, razón por la cual fue perseguido y apresado. Fue enviado a la región de Magallanes y tras pagar una fianza de diez mil pesos se fue al exilio a Europa en 1860, regresando al país en 1862 bajo la Ley de Amnistía. Fue Ministro de Hacienda durante el gobierno del presidente José Joaquín Pérez Mascayano entre el 16 de enero de 1863 y el 10 de mayo de 1864. Fue ministro de la Corte de Apelaciones de Santiago desde el 23 de septiembre de 1854, pero renunció a ese cargo para ser candidato a Presidente de la República. Asumió la presidencia del país el 30 de agosto de 1881 y tomó el cargo el 18 de septiembre del mismo año.

Su gobierno se consideró de transición, pues debió preocuparse de negociar las condiciones del término de la guerra y sus consecuencias. Durante su mandato se celebró el Tratado de Ancón (1883) y el Tratado de Tregua con Bolivia (1884) donde se reconoció la soberanía de Chile sobre territorios mineros.

Finalizó la Casa de Huérfanos de la comuna de Providencia, el Hospital San Agustín de Valparaíso y la provisión de fondos para construir hospitales en Rancagua, Lontué, Cauquenes, San Carlos y otras ciudades más. Además, su gobierno consolidó la ocupación de La Araucanía.

Educacionalmente hablando, su mandato encomendó al profesor José Abelardo Núñez la misión de viajar a Europa para contratar profesores que trabajaran en las escuelas normalistas y comprar material de enseñanza primaria.

Una importante característica de su gobierno fue que tuvo una relación tensa con la Iglesia Católica, pues la Santa Sede designó a un nuevo arzobispo que no fue del gusto de su administración. El gobierno propuso Monseñor Francisco de Paula y Taforó ante la Santa Sede para el cargo de arzobispo, pero el Vaticano lo vetó por ser un clérigo con tendencia liberal. En respuesta a su petición, la Santa Sede envió como observador del proceso a Monseñor Celestino del Frate (1882), quien vetó a Francisco de Paula. Ante esta decisión de Celestino del Frate, el gobierno lo expulsó del país, provocando el quiebre de relaciones entre el Vaticano y el gobierno de Chile. En un acto de absoluta molestia con la Iglesia Católica, el gobierno de Santa María aprobó las llamadas Leyes Laicas, la Ley de Matrimonio Civil el 16 de enero de 1884, la de Registro Civil del 16 de julio de 1884 y la de defunciones del 16 de noviembre de 1884. Esto consolidó la secularización de las instituciones públicas. En el plano económico, Santa María cedió la riqueza salitrera al capital inglés, pero aseguró a Chile grandes ingresos, pues impuso impuestos por exportación. Una de las cuestiones finales que encabezó su gobierno fue la ocupación definitiva de la Araucanía, ante la resistencia de las comunidades indígenas de la región. Decidió ocupar la zona para intentar aplacar el levantamiento que las comunidades indígenas organizaban contra el estado, por lo que optó por militarizar la zona y poner fin a la resistencia. Este proceso estuvo lo lideró Gregorio Urrutia y su misión instaló fuertes y levantó nuevas ciudades para ocupar completamente la zona e impedir nuevos atisbos de resistencia indígena. Para cumplir su diseño político, Santa María fomentó la colonización extranjera a cargo de Francisco Borja Echeverría, llegando a la zona en disputa alemanes, españoles, franceses y suizos. Santa María cerró su período presidencial entregándole el mando a su "hijo político", José Manuel Balmaceda, a quien no puedo acompañar en su convulsionada gestión, pues Santa María falleció el 18 de julio de 1889.

El gobierno de José Manuel Balmaceda Fernández (1886-1891)

Nació en Bucalemu, región de O´higgins, un 19 de julio de 1840. Sus padres fueron el ex parlamentario Manuel José De Balmaceda Ballesteros y María Encarnación Fernández Salas. Se casó con Emilia Toro Herrera, quien fue bisnieta del Conde Mateo de Toro y Zambrano, con quien tuvo ocho hijos, entre los que destacan el ex diputado José Enrique Balmaceda Toro. Siendo periodista se encargó de difundir el pensamiento liberal usando la Revista de Santiago como medio canalizador de sus ideas, enfatizando posturas sobre libertad electoral, la Iglesia y el estado. En 1869 se asoció al Club de la Reforma, espacio de reunión de los grupos reformistas y liberales. Activo militante del Partido Liberal, defensor de la libertad religiosa, garantías individuales, la eliminación de la influencia del Poder Ejecutivo en las elecciones, presionaron por avanzar en reformar la Constitución de 1833 y la restricción de las atribuciones del presidente. Estos puntos fueron claves para convertirse en candidato a diputado, primero, y candidato presidencial, después. Fue proclamado presidente electo por el Congreso Pleno en sesión del 30 de agosto de 1886 y asumió el mando el 18 de septiembre de 1886. Su gobierno se vio marcado desde sus inicios por una grave crisis política que se manifestaba en una encarnizada lucha con el Congreso. Asumió su mandato con el apoyo de nacionales, liberales y radicales. Su gobierno se caracterizó por la gran actividad política y administrativa. Desde un comienzo tuvo la misión de unir a la familia liberal y mantener buenas relaciones con la oposición, los conservadores. Desde un comienzo, su preocupación central estuvo en el mejoramiento de la educación y el desarrollo de la infraestructura pública, mediante los altos ingresos conseguidos por la venta del salitre. Dentro de las obras desarrolladas durante su gobierno están la canalización del río Mapocho, la construcción de infraestructura pública como viñas férreas, puentes, caminos y hospitales. Además de la construcción de la Escuela de Artes y Oficios, la Escuela Naval de Playa Ancha y el Internado Nacional Barros Arana. Estas obras y sus respectivos gastos fueron criticados por los sectores de la sociedad contrarios a su administración y además debió lidiar con una protesta obrera en 1890. Toda esta situación provocó una importante tensión entre el presidente y la mayoría del Congreso Nacional. Los factores que ayudaron a profundizar la tensión fueron variadas, partiendo cuando el presidente desconoció algunas prácticas parlamentarias ya consagradas, como la acusación a los ministros y la suspensión de algunas leyes. Toda esta tensión redundó en que el 1 de enero el Congreso no aprobó la Ley de Presupuesto. El presidente solucionó el problema prorrogando por decreto la ley de presupuesto del año anterior, lo que para los integrantes del Congreso fue un acto inconstitucional. Vía acta, el Congreso depuso al mandatario y estableció una Junta de Gobierno en la ciudad del norte de Chile, Iquique, gracias al apoyo del capitán de Navío Jorge Montt, quien también se sumó a la Junta. Este acto ocurrió el 7 de enero de 1891 y Balmaceda respondió clausurando el Congreso el 11 de febrero de 1891. A partir de este momento se produjo un quiebre entre el Congreso y el Presidente, el cual hubo de reorganizar su gobierno y conseguir los apoyos necesarios para enfrentar a la oposición. Uno de esos aliados del presidente fue el ejército, el cual se puso al servicio del Presidente, teniendo en cuenta que en el interior de las fuerzas armadas también existían desacuerdos. Esto gatilló en que se produjera una guerra civil que duró seis meses y costó la vida de más de cuatro mil chilenos.

La Guerra Civil de 1891

La Guerra Civil de 1891 enfrentó a los partidarios del presidente José Manuel Balmaceda y el Congreso Nacional. Su duración fue de unos seis meses y significó el triunfo del bando congresal. "Al mediodía del siete de enero de 1891, el presidente José Manuel Balmaceda se reunió con todos los ministros en su oficina en La Moneda. Las noticias que llegaron esa mañana desde Valparaíso eran alarmantes: la escuadra se sublevó contra el gobierno y navegó rumbo a Iquique. En eso, un grupo de militares entró a la reunión. Mantuvieron la cabeza erguida y olvidaron quitarse el sombrero ante el mandatario como mandaba la regla de etiqueta. El general Orozimbo Barbosa tomó la palabra y aseguró que antes de veinte horas tendría las cabezas de los sublevados. No pudo lograrlo[8]". Como se expuso en el capítulo de las *Reformas Constitucionales,* las medidas que se aplicaron en ese momento buscaron disminuir el poder legislativo y fortalecer la figura presidencial, que, aunque en el período liberal se pensó que esta relación podría mejorarse, claramente las condiciones políticas empeoraron. Es decir, la Guerra Civil no es un proceso del momento, sino que es consecuencia de años de tensiones políticas y de antagonismos ideológicos que desencadenaron en ese conflicto. Esta tensión entre poder presidencial y el poder parlamentario fue escalando, pero no fue la principal razón que influyó en la guerra.

Una cuestión que central y que tuvo una injerencia superlativa en los sucesos de 1891 fue el enfrentamiento del gobierno con la oligarquía local, empecinada en evitar perder sus privilegios. Para mantener a raya a la oligarquía, Balmaceda nombró a una serie de ministros bastantes

____

8. Retamal, Felipe; Retamal, Pablo: "Cuando Chile se partió en dos: Balmaceda, el salitre y el estallido de la Guerra Civil de 1891", en https://www.latercera.com/culto/2021/01/09/cuando-chile-se-partio-en-dos-balmaceda-el-salitre-y-el-estallido-de-la-guerra-civil-de-1891/

jóvenes que no tenían relación alguna con los más poderosos, designación que incomodó a los grupos de poder, pues no estaban en condiciones de ser marginados de las estructuras administrativas y económicas. Sin embargo, una de las principales razones de esta guerra tiene relación con un aspecto netamente económico, que redundó en cómo el Estado impidió que los sectores acomodados siguieran beneficiándose del control absoluto de la economía nacional. El proyecto económico de Balmaceda buscó que el Estado tuviera mayores beneficios del exitoso ciclo que vivía el país por la abundancia del salitre, pero esta idea significó que las oligarquías locales reaccionaran molestas por la actitud presidencial. Balmaceda se benefició mucho de las ganancias generadas por el impuesto al salitre, recursos que distribuyó para desarrollar obras públicas con fuerte participación del Estado. La oligarquía aspiró a que se abolieran todos los impuestos aplicados al salitre, cuestión que no generó consenso en el gobierno de Balmaceda y agudizó aún más la crisis entre gobierno, oligarquía y congresistas. Balmaceda consideraba que el salitre debía tener una mayor capitalización, direccionarse en obras que permitieran el desarrollo del país y en fortalecer la infraestructura local. Estas visiones encontradas entre Estado y oligarquía fue erosionando la relación y caldeó los ánimos políticos. Balmaceda comenzó a inaugurar una serie de obras como el viaducto de Malleco, la canalización del río Mapocho, la construcción del edificio de la Escuela Militar y la creación del ferrocarril trasandino. Las rentas generadas por el salitre ayudaron directamente al gobernante, cuestión que significó que el estado contara con un importante presupuesto nunca antes visto por algún gobierno anterior. Esta holgura económica convirtió al estado en un actor fundamental, pues actuó como el único representante directo de esa riqueza acumulada por vía de los impuestos salitre.

Dentro de su visión de desarrollo local, Balmaceda pretendió dar amplias facilidades a los nacionales para explotar los yacimientos de salitre, que en su mayoría estaba en manos extranjeras. Además, buscó expropiar los ferrocarriles dedicados al transporte de este material, que también pertenecían a los controladores del salitre, sobre todo a John Thomas North, un inglés apodado como el "Rey del Salitre", el principal empresario controlador de tan importante recurso estratégico. Tal como lo hemos explicado en estas líneas, la visión que aplicó Balmaceda sobre el rol del estado no era compartida por el grueso de élite, quienes apostaron porque los recursos obtenidos por la exportación del salitre se invirtieran en su ámbito propio y no necesariamente en cuestiones relacionadas con el desarrollo del país. Además, al impulsar la generación de infraestructura local, el estado requería de una mano de obra que básicamente se concentraba en el mundo rural. Por tanto, la visión de Balmaceda también incomodó a un grupo de hacendados que no estaban acostumbrados a remunerar el trabajo en el campo, condición que afectó su producción agrícola. "Según los datos de Patricio Meller, si en 1880 la recaudación tributaria generada por el nitrato era solo un 4,7 %, para 1891 era un 46 %. Por ello, la tensión entre la élite, ocurrió primero en las páginas de la prensa y en los salones de los clubes sociales, hasta que se resolvió a balazos en el último año de la presidencia de Balmaceda"[9]. O sea, el aumento en la recaudación que logró el gobierno por los impuestos al salitre significó la total incomodidad de la oligarquía sobre esta postura hegemónica del estado en la economía, siendo esta realidad una hipótesis interesante que explicaría las razones de fondo que desencadenaron la Guerra Civil de 1891. Este escenario económico positivo le permitió al estado apostar por una autonomía económica, evitar que el mundo privado impusiera sus criterios y mejorar sustantivamente sus arcas fiscales. Al concentrar sus esfuerzos por mejorar cuestiones de conectividad y de valor social, el presidente Balmaceda también desplegó un plan de visitas a varias zonas del país que, aunque no fue el primer gobernante en hacerlo, sí lo hizo de forma más intensa. Ese plan de conocimiento de las problemáticas societales lo llevaron a estar en ciudades como Talca, Pelequén, La Calera, Chillán, Coquimbo, Talcahuano, entre otras más. En esos viajes sumó a una masa de profesionales y técnicos de clase media, que aportaron con sus conocimientos a las decisiones finales, dejando de lado a la élite política que siempre estuvo en la primera línea de la intervención política, situación que aumentó los resentimientos hacia su persona. Uno de los viajes más llamativos los hizo en marzo de 1889, en cuya gira visitó ciudades como Iquique, Antofagasta, Caldera, Copiapó, Coquimbo, entre otras. Además, recorrió algunos distritos mineros e incluso se alojó en dos oficinas salitreras pertenecientes al empresario inglés John Thomas North.

---

9. Idem.

"En la prensa de la época se presentaron diferentes versiones de la suerte del mandatario durante el viaje. Si bien, en algunos medios celebraban la iniciativa de visitar las regiones e incluso referirse a los asuntos del salitre, en otros lo atacaban"[10]. Esta cita deja en claro que las diferencias políticas con el mandatario también se manifestaron en la prensa de la época, agudizando las diferencias de gestión política con el presidente. Recordemos que el control de las salitreras estaba en manos del empresario británico John Thomas North, principal accionista de los ferrocarriles de la zona norte. Pero no solo eso, también tuvo el control y el monopolio del agua potable y era dueño de algunos bancos y de algunas compañías de aprovisionamiento de las salitreras. Por tanto, la multiplicidad de factores expuestos hasta acá incidieron en llevar la pugna política a un enfrentamiento armado cruento entre Balmaceda y el Congreso.

El desenlace final

Los congresistas consiguieron el apoyo de la Marina a cargo del Capitán de Navío Jorge Montt, a quien se le sumaron algunos oficiales del Ejército como Estanislao del Canto. Por su parte, el ejército regular, con el apoyo de las divisiones de Coquimbo, Valparaíso, Santiago y Concepción, se mantuvo leal a la figura del presidente Balmaceda. Los enfrentamientos entre balmacedistas y congresistas se dio por mar y tierra, concentrando las

---

10. Idem.

batallas en la zona norte del país. Se dieron las batallas de Zapoga, Dolores, Huara, Iquique, Pozo AlMonte, Caldera y Calderilla, pero en el mes de agosto los enfrentamientos se trasladaron a la zona central del país. Una de las batallas más sangrientas fue la llamada "Masacre de Los Cañas" ocurrida el 19 de agosto de 1891. Si bien no fue una batalla convencional, su resultado le dio más argumentos a los congresistas para terminar con el gobierno de Balmaceda. Esta masacre se produjo cuando un grupo de jóvenes opositores al gobierno se reunieron para intentar sabotear algunas infraestructuras y con esta acción favorecer la lucha de los congresistas. Parte de ellos eran miembros de familias acaudaladas y otra parte eran artesanos de la zona. La estrategia era impedir que las divisiones militares de los balmacedistas de Valparaíso y Concepción pudieran reunirse, por lo que los congresistas pensaron en cortar la comunicación ferroviaria y telegráfica utilizada por el gobierno, para lo cual requerían derribar los puentes del Maipo y Angostura ubicados en la entrada sur a Santiago. La fecha para dicha misión se fijó para el 19 de agosto. Esta misión fue entregada a los jóvenes aristócratas que, junto a un puñado de artesanos sin formación militar, aceptaron apoyar esta acción política. El grupo estuvo bajo el de Arturo Undurraga, pero la noche del 18 de agosto, el Comandante San Martín atacó al grupo y le propinó una tremenda derrota que, dada la disparidad de fuerzas, tuvo más el rostro de masacre que de enfrentamiento bélico. Sin embargo, lo peor ocurrió el 19 de agosto, cuando los sobrevivientes a la masacre fueron perseguidos hasta ser detenidos. Algunos fueron asesinados sin ninguna compasión y otros fusilados sin ningún juicio justo. Así, la cifra de muertos en este suceso se elevó a ochenta y cuatro. Entre los días 21 y 28 de agosto, las tropas balmacedistas fueron duramente derrotadas en las batallas de Concón (21 de agosto) y Placilla (28 de agosto). En Concón se enfrentaron nueve mil efectivos del bando de los congresistas y siete mil del bando de los balmacedistas, quienes esperaban infructuosamente la llegada de más militares desde la ciudad de Santiago. Finalmente, la victoria cayó del lado de los congresistas, dejando en muy mala situación a sus enemigos. La batalla de Placilla tuvo lugar en las afueras de la ciudad de Valparaíso, teniendo el bando de los congresistas cerca de once mil personas, mientras que los balmacedistas contaron con unos nueve mil quinientos efectivos, batalla que nuevamente tuvo como triunfadores a los congresistas. Como el gobierno salió derrotado en ambas batallas, la situación política para el Presidente se tornó insostenible para su persona y la presión por dejar el poder se hizo inmanejable. El día 29 de agosto Balmaceda reconoció la derrota, entregando el mando de la nación al General de Ejército Manuel Baquedano y ese mismo día en Santiago, la capital de Chile, se produjeron saqueos a varias residencias de destacadas personalidades cercanas al presidente Balmaceda. El vacío de poder y el afán de revancha de muchos contra Balmaceda hicieron que los saqueos se extendieran hasta el día 30 agosto, cuando las fuerzas triunfalistas llegaron a la ciudad Santiago para ordenar el clima social y político. Luego, el día 3 de septiembre, la Junta de Iquique se trasladó a Santiago y convocó a elecciones basándose en la ley electoral aprobada el año anterior. Igualmente, sustituyó a los partidarios del ex-presidente por miembros leales a su bando. Producto de los saqueos el presidente se refugió en la legación de Argentina, lugar en el que se suicidó con un tiro en la cabeza a las 8 de mañana de un 19 de septiembre. El fallecido mandatario dejó un escrito político donde dejó en evidencia los riesgos para el país de un régimen parlamentario. "El régimen parlamentario ha triunfado en los campos de batalla; pero esta victoria no prevalecerá. O el estudio, el convencimiento y el patriotismo abren camino razonable y tranquilo a la reforma y a la organización del gobierno representativo, o nuevos disturbios y dolorosas perturbaciones habrán de producirse entre los mismos que han hecho la revolución unidos y que mantienen la unión para el afianzamiento del triunfo, pero que al fin concluirán por dividirse y por chocarse"[11]. Su funeral estuvo llenó de tensión por el clima de polarización en que estaba el país, al punto que fue sepultado en otra tumba para evitar ataques a su lecho de muerte y tras dos meses de enterrado, lo trasladaron a su destino final, un mausoleo que hoy está presente en el Cementerio General. En relación a la cantidad de fallecidos que dejó la Guerra Civil, no hay un cálculo exacto, pero los datos sostienen que hubo entre cinco mil y diez mil muertos para una población de poco más de dos millones y medio de personas. De todas formas, es una cifra alta, lo que da cuenta del grado de violencia que se desplegó en Chile. Además, la guerra provocó una gran división social en Chile, la cual perduró durante décadas.

---

11.   Rivas, Sebastián: "Suicido de Balmaceda: a 125 años de un hito que cambió la política la política chilena", en https://www.latercera.com/noticia/suicidio-de-balmaceda-a-125-anos-de-un-hito-que-cambio-la-politica-chilena/

Participa en el **Club GuíaBurros** para estar informado de las últimas novedades editoriales y disfrutar de las ventajas, promociones y condiciones especiales de los socios de nuestro club.

Puedes encontrar toda la información en:

www.guiaburros.es
www.editatum.com

Puedes seguirnos también en Youtube y en nuestras redes sociales:

facebook.com/guiaburros

www.youtube.com/c/GuíaBurros

@ guia_burros

@guiaburros

Nuestras colecciones

Guías para todos aquellos que deseen ampliar sus conocimientos sobre asuntos específicos, grandes personajes, épocas, culturas, religiones, etc., ofreciendo al lector una amplia y rica visión de cada una de las temáticas, accesibles a todos los lectores.

Guías para gestionar con éxito un negocio, vender un producto, servicio o causa o emprender. Pautas para dirigir un equipo de trabajo, crear una campaña de *marketing* o ejercer un estilo adecuado de liderazgo, etc.

Guías para optimizar la tecnología, aprender a escribir un blog de calidad, sacarle el máximo partido a tu móvil. Orientaciones para un buen posicionamiento SEO, para cautivar desde Facebook, Twitter, Instagram, etc.

Guías para crecer. Cómo crear un blog de calidad, conseguir un ascenso o desarrollar tus habilidades de comunicación. Herramientas para mantenerte motivado, enseñarte a decir NO o descubrirte las claves del éxito, etc.

Guías prácticas dirigidas a la salud y el bienestar. Cómo gestionar mejor tu tiempo, aprenderás a desconectar o adelgazar comiendo en la oficina. Estrategias para mantenerte joven, ofrecer tu mejor imagen y preservar tu salud física y mental, etc.

Guías prácticas para la vida doméstica. Consejos para evitar el *cyberbulling,* crear un huerto urbano o gestionar tus emociones. Orientaciones para decorar reciclando, cocinar para eventos o mantener entretenido a tu hijo, etc.

Guías prácticas dirigidas a todas aquellas actividades que no son trabajo ni tareas domésticas esenciales. Juegos, viajes, en definitiva, hobbies que nos hacen disfrutar de nuestro tiempo libre.

Guías para aprender o perfeccionar nuestra técnica en deportes o actividades físicas escritas por los mejores profesionales de la forma más instructiva y sencilla posible,

Otros libros de la colección

GuíaBurros: Del Abrazo de Vergara al bando de guerra de Franco

https://www.abrazodevergara.guiaburros.es/

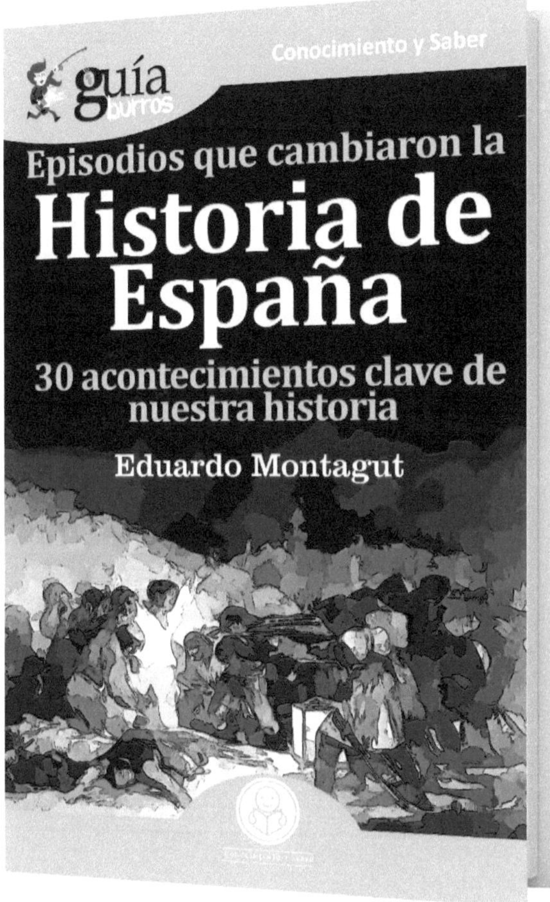

**GuíaBurros: Episodios que cambiaron
la Historia de España**

https://www.episodiosdelahistoria.guiaburros.es/

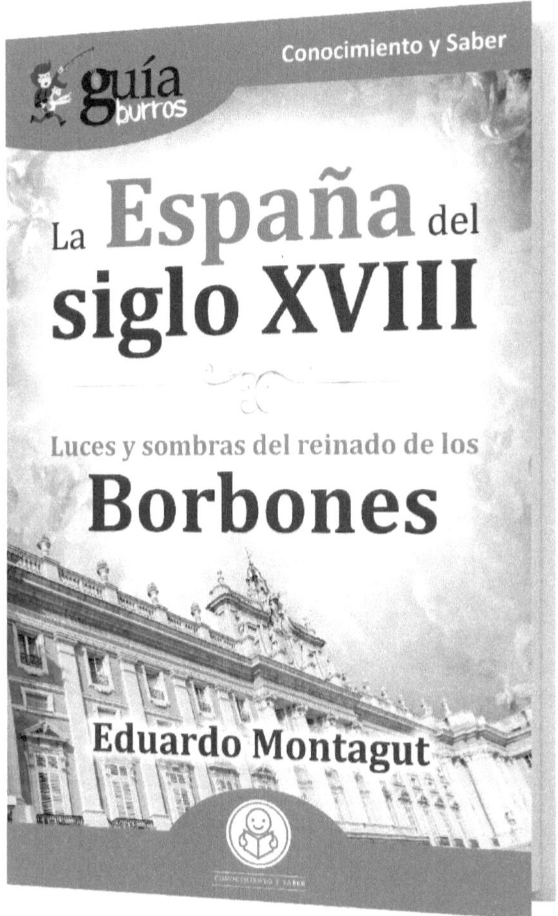

GuíaBurros: La España del siglo XVIII

https://www.esp-sigloxviii.guiaburros.es/

EDITATUM

Libros para crecer

www.editatum.com